全媒体时代中小学生阅读生态环境的构建

朱爱瑜　著

中国科学技术大学出版社

内 容 简 介

本书从家庭、学校和公共图书馆三个层面探讨了中小学生阅读生态环境的构建，通过真实案例的分享，对中小学生阅读过程中遇到的问题进行答疑解惑。本书的特色在于按照中小学生的阅读能力形成过程进行分级阅读指导，包括阅读书目的选择、阅读方法的传授、阅读氛围的营造、阅读能力的培养等。本书适合教师、图书馆员及其他对中小学生阅读有兴趣的人士阅读。

图书在版编目(CIP)数据

全媒体时代中小学生阅读生态环境的构建/朱爱瑜著. —合肥：中国科学技术大学出版社，2022. 2

ISBN 978-7-312-05276-7

Ⅰ. 全… Ⅱ. 朱… Ⅲ. 阅读课—教学研究—中小学 Ⅳ. G633. 332

中国版本图书馆 CIP 数据核字(2021)第 147835 号

全媒体时代中小学生阅读生态环境的构建

QUAN MEITI SHIDAI ZHONG-XIAO XUESHENG YUEDU SHENGTAI HUANJING DE GOUJIAN

出版 中国科学技术大学出版社
安徽省合肥市金寨路 96 号，230026
http://press. ustc. edu. cn
https://zgkxjsdxcbs. tmall. com

印刷 安徽国文彩印有限公司

发行 中国科学技术大学出版社

经销 全国新华书店

开本 710 mm×1000 mm 1/16

印张 9. 5

字数 176 千

版次 2022 年 2 月第 1 版

印次 2022 年 2 月第 1 次印刷

定价 46. 00 元

前　言

一个社会可以没有书写而存在——很多社会的确如此，但是没有社会可以缺乏阅读而存在。

——（加拿大）阿尔维托·曼古埃尔

阅读，既是一个人最基本的文化权利，又是一项日积月累、潜移默化的精神活动。对于个体的人来说，阅读对其世界观、人生观、价值观的形成起着重要的塑造作用；对一个民族来说，国民阅读力不仅是衡量一个国家社会进步、文明程度的重要标志，而且体现了一个民族的精神境界，代表着一个民族的竞争力；对整个人类来说，阅读是人类文明传承的重要方式，人们通过阅读认识世界，认识自然，获得创新发展的力量，提升维护社会秩序的自觉性。中小学生作为一个民族、一个国家乃至人类社会未来发展的新生力量，他们的精神境界和道德力量将对整个民族和人类未来走向产生重要的影响。

作为信息技术革命带来的媒介大融合的产物，全媒体实现了从传播手段到内容、方式和对象的全方位交融。全媒体不仅极大地丰富了知识传播内容，使得传播效率呈几何级提高，同时实现了知识生产者与知识接收者的交融，甚至可以进行完全的互动交流。全媒体时代阅读呈现出可移动、数字化、跨媒体及全民参与、共享、分享等诸多特征。中小学生作为全民阅读推广的主要对象，家庭、学校和图书馆等公共空间阅读生态环境的构建对其阅读素养的养成起着至关重要的作用。如何帮助中小学生在"乱花渐欲迷人眼"的阅读环境里保持阅读的初心，获取独立自主的阅读能力，形成恒久的阅读习惯，成为全民阅读推广时代面临的重大课题。

本书共分为六章：第一章概述阅读学研究的演进，包括阅读概念的演进、阅读能力的概念及其构成要素、阅读习惯的概念及其培养、阅读方法及其运用、阅读对于中小学生个体成长的作用等五个方面内容；第二章剖析了全媒体时代的出版环境和传播环境及其对中小学生阅读生态环境的影响；第三章论述了家庭阅读生态环境的构建，包括家庭藏书建设、家庭阅读氛围的培育、阅读能力的家庭培养、家庭阅读的顺序原则等四个方面内容；第四章论述了学校阅读生态环境的构建，包括学校图书馆文献资源建设、课堂阅读环境的创建、课外阅读环境的创建等三个方面内容；第五章主要论述了公共图书馆等第三空间阅读生态环境的构建，包括第三空间阅读的制度环境建设、少儿图书馆（室）阅读空间环境的构建、少儿图书馆（室）馆藏资源建设、面向中小学生的阅读推广、泛阅读空间环境的构建等五个方面内容；第六章主要对经典阅读和通俗阅读、泛读和精读、深阅读和浅阅读、纸本阅读和数字阅读四对阅读概念及其作用进行了阐释，论述了全媒体时代中小学生阅读面临的挑战，对中小学生阅读的未来发展进行展望。

梭罗说："惊叹于这样一个事实：树在开始的时候长得越慢，它的核心就长得越强壮！我想同样的情况也适用于人类。我们不希望孩子过早成熟，在幼儿期就催促发芽生长，就像迅速长成的木材，质地松软而不结实。我们宁愿孩子开始的时候长得慢慢的，好像在艰难地挣扎着，成长得结实和完美。这样的树，即使到了老年，仍然以几乎同样的速度在伸展。"阅读对于中小学生所起的作用，正在于它能够帮助中小学生从阅读中汲取成长所需的养分和力量，使他们长得结实和完美。这正是笔者之所以不揣浅陋，以中小学生阅读生态环境的构建作为研究课题的初衷。

著者

2021年9月

目　录

第一章　阅读学研究的演进

第一节　阅读概念的演进

阅读作为人类最主要的认知过程，以及最重要的获取知识的手段之一，随着文字内容载体和记录技术的变迁，在阅读对象、阅读手段、阅读目的等方面发生了重要变化。关于阅读的定义也因此不断发展丰富，现择取其中比较有代表性的列举如下：

《现代汉语词典》中“阅读”指“看（书报等）并领会其内容”。这里的“阅读”特指传统的文字阅读，主要指印刷型的文字文本。

胡继武的《现代阅读学》中提出：“阅读是从信息符号中获取意义的一种复杂的智力活动。”①

王余光、徐雁主编的《中国读书大辞典》中提出：“阅读是一种从书面语言和其他书面符号中获得意义的社会行为、实践活动和心理过程。阅读首先是作为一种特殊的交际方式而存在的社会现象，具有行为的社会性，它以书面材料作为社会交际的中介。作者、文本、读者构成一个完整的书面交际过程的三个基本要素。”②

王余光等的《中国阅读文化史论》认为，阅读是人类的一种认知过程。

杨治良主编的《简明心理学辞典》提出：“阅读指个体从印刷文字、图画、图解、图表等书面材料获取信息或意义的过程。个体在阅读时，通过把文字等符号的视觉信息与头脑中已有的知识经验不断进行比较、预测、判断、推理和融合，从而理解文字等符号所表达的意义。”③

心理学认为：“阅读，就其本质而言，是文字信息传递过程中接受端的思维

① 胡继武. 现代阅读学[M]. 广州：中山大学出版社，1991：20.

② 王余光，徐雁. 中国读书大辞典[M]. 南京：南京大学出版社，1999：337-338.

③ 杨治良. 简明心理学辞典[M]. 上海：上海辞书出版社，2007.

活动。”

万行明在《阅读推广：助推图书馆腾飞的另一支翅膀》中提出：“阅读，是读者通过纸质、数字、多媒体等不同载体文献获取知识信息的一种行为与心智过程。”①

《新华字典》中“阅”有两层含义：看，察看；经历，经过。“读”有两层含义：依照文字念，求学。根据“阅”和“读”的含义，阅读对象除了纸质、电子文献，以及音频、视频等多媒体，还包括通过参观、旅行、社会实践等途径感知自然万物和社会人生。

20 世纪 70 年代全球旅游业的兴起催生了视觉语言。视觉语言（Vision-Language，VL）是以语音为基础的书写文字和以视觉为基础的图形文字相融合的产物，为阅读活动提供了一个崭新的维度。不同于将插图简单并置的做法，视觉语言通过独特的象形句法和语义系统，实现口语和书面语难以企及的表达自由。② 视觉语言的应用在生活中随处可见：汽车的仪表盘、电视遥控器均通过图标式句子帮助用户进行了解和操作。

王余光主编的《中国阅读通史》在导言中提出：“阅读是阅读主体（读者）与文本（可以是一本书，也可以是整个宇宙）相互影响的过程，是阅读主体实践活动与精神活动的一种体现。”③

上述关于阅读的阐释，大致反映了学界对阅读概念及其内涵的理解，从专指“书面语言”到“视觉语言”，从“书面符号”“书面材料”到“知识信息”“文字信息”“纸质、数字、多媒体等不同载体”，从甲骨文、竹简到埃及纸莎草，从造纸术到印刷术，再到今天的数字技术，信息流的数字化、数据化和可视化使人类的阅读内容、阅读方式、阅读手段不断推陈出新。从单一的“智力活动”“思维活动”到“行为与心智活动”“实践活动与精神活动”，学界对于阅读参与人类实践活动的认识不断深化。

综上所述，笔者将全媒体时代的阅读定义为：人类通过视觉、听觉、触觉等各种感官从纸质、数字、音频、视频等不同载体文献中获取信息、意义或审美体验的行为与思维活动过程。

---

① 万行明. 阅读推广：助推图书馆腾飞的另一支翅膀[J]. 当代图书馆，2011(1)：7.

② 费希尔. 阅读的历史[M]. 李瑞林，贺莺，杨晓华，译. 北京：商务印书馆，2009：293.

③ 邓香莲. 解析新媒体环境对阅读的影响[J]. 编辑之友，2011(5)：41.

第二节 阅读能力的概念及其构成要素

阅读能力指独立、自主进行阅读所应具备的能力，包括读者在阅读活动中理解文本内容的能力，掌握阅读文本所需的各项技能，客观评价各类阅读文本，选择合适读物以及消化和运用获得的各类知识等能力。具体来说，阅读能力可概括为以下六个方面：

(1) 认读能力：阅读主体在拥有一定识字量的基础上，通过反复训练，达到程度不等的认读速度，形成对文字符号的感知与辨识能力，将书面符号准确地转化为阅读主体能够感知和理解的信息、意义或情感体验的能力。认读能力是获得阅读能力的基础和前提。

(2) 理解能力：是衡量阅读能力高低的重要指标之一，包括对文本中重要字词和关键词语的理解，对文本内容、结构和表现形式的理解，对作者思想观点和写作倾向的理解，以及通过分析、概括、联想等思维活动，领悟语义和语境的能力。

(3) 阅读技巧：包括各类阅读方法、阅读步骤的掌握，熟练运用纸质或在线检索工具解决阅读过程中遇到的各种障碍。

(4) 鉴赏和评价能力：从语言、审美和思想等方面对文本的表现形式、风格特征、思想观点等进行欣赏、评价和鉴别的能力。

(5) 选择能力：根据自己的认知水平及阅读需求挑选相应读物的能力。

(6) 吸收和转换能力：通过对文本信息进行再加工，实现对其形式、意义进行记忆和转换，并能将在阅读中学到的知识加以运用的能力。

对中小学生来说，阅读能力主要体现在以下方面：

(1) 能够根据文本中描述的语境，正确理解字、词、句在文本中的准确含义；能够辨别和理解多义词在不同语境中的意义；能够联系上下文理解字、词、句的意思，体会文本中关键字、词、句在表情达意方面所起的作用。

(2) 了解句号、问号、感叹号、冒号、引号等多种标点符号的用法，体会不同标点符号表达的不同语气及其情感特征，学习正确使用各类标点符号。

(3) 熟练掌握并灵活运用各类修辞手法。对于中小学生来说，比较常用的修辞手法包括比喻、拟人、反问、借代、设问、排比、夸张等。

(4) 了解叙述、描写、说明、议论、抒情等表达方式，能够根据阅读对象和阅读目的的差异，采取合适的阅读方法，如朗读、诵读、默读等，能够以适当的语速、语调正确、流利、有感情地朗读。

(5) 能够区分基本文体，体会不同文体在语言表达、行文风格等方面的不同。通过诵读儿歌、童谣和古诗，感受汉字的韵律美，培养良好的语感，获得丰富的生活和情感体验；通过阅读神话或寓言故事、科幻类读物，拓展想象空间，培养中小学生的想象力和创造力；通过阅读说明性文章，了解基本的说明方法；通过阅读叙事性作品，了解事件梗概，对文本中的场景、人物和细节描写形成印象，体验喜怒哀乐等心理感受。

(6) 从宏观上把握文本的整体结构，体会作者对文本的谋篇布局，了解故事发生的背景及其与情节之间的关系；能够识别作者的创作意图；能够通过人物言行推断其性格特点；能够推断事件中的因果关系；能够对文本中的信息进行分类和对比；能够概括主要信息并了解信息之间是如何关联的；能够针对文本中陈述的事实发表自己的见解；能够从不同角度对文本进行多重理解，并能展开讨论。

除上述能力外，中小学生通过大量而有效的阅读，还能实现其他能力的迁移和发展，主要包括：

(1) 语言表达能力，即在日常生活、学习和社交活动中运用口语或文字进行人际交往和沟通的能力，包括口头表达能力和文字表达能力。口头表达能力指在各种交际活动中，学会倾听、表达与交流，学会文明地进行人际沟通和社会交往。文字表达能力，即能根据日常生活、学习和工作的需要，运用恰当的文体和表达方式具体明确、文从字顺地表述自己的需求、意愿或情感诉求。

(2) 信息检索、判断及处理能力：学会使用常用的工具书；掌握查找资料、引用资料的基本方法，分清原始资料与间接资料的主要差别，初步具备搜集和处理信息的能力；通过社会媒体和众多信息源获取信息并具备识别值得信赖的信息的能力。

中小学生的阅读能力和人类的任何一种后天能力一样，需要通过长时间的训练和大量练习才能真正掌握和熟练运用，无法通过短时间的集中突击获得提升。正如《卖油翁》中所讲的："无他，惟手熟尔。"

第三节　阅读习惯的概念及其培养

阅读习惯指在长期的阅读实践中养成的，长期、自觉、主动地进行有关阅读活动的行为倾向。良好的阅读习惯有助于提高阅读自觉性，有助于提高阅读的速度和效率，发展阅读能力，改善阅读品质。阅读习惯的养成首先在于培养阅读兴趣。

兴趣，是一个人心理行为中最积极、最主动、最活跃的因素，由兴趣引发的学习行为动机更强，更具自觉性。阅读兴趣指对读物和从事阅读活动的兴趣，是阅读动机的重要表现，是阅读活动中最直接、最活跃的意向。广义的阅读兴趣，指阅读主体对整个阅读活动的喜爱程度；狭义的阅读兴趣，指阅读主体对某些学科文献或某种体裁文献的选择倾向。

阅读兴趣由阅读动机所激发。阅读动机，指由与阅读有关的目标所引导、激发和维持的个体阅读活动的内在心理过程和自我发展过程。阅读需要累积、沉淀，从而产生阅读愿望，阅读愿望逐步增强和明确，形成实践动力，即阅读动机。阅读动机是在阅读需要的基础上产生的，是反映读者选择阅读内容和阅读方法的主观原因，是产生阅读目的的主要因素。常见的阅读动机有学习、解疑和娱乐等。

根据阅读动机的来源，可分为外在阅读动机和内在阅读动机。外在阅读动机，指由于外部压力产生的阅读动机，主要受环境因素和阅读主体个体成长要求的影响；内在阅读动机，指为满足个体内心需求产生的阅读动机。对于中小学生来说，阅读动机大部分来源于外部环境对个体成长有所要求的压力，如应对学习和各类考试的需要；内在动机则来源于中小学生对未知世界的向往和好奇，对美好事物的欣赏，以及希望通过休闲娱乐释放身心压力的需要。

中小学生阅读习惯的养成建立在具有独立、自主阅读能力的前提下，主要通过家庭教育和学校教育共同作用完成，图书馆等社会教育机构通过各种阅读活动的开展对他们的阅读习惯进行巩固和强化。

小学三四年级以前处于学习阅读阶段，这个阶段是阅读的关键期，要初步掌握阅读技能。四年级以后，中小学生应该通过阅读来学习。通过阅读大量的、类型多样的文本丰富自己的知识和人生阅历。美国公共图书馆运动的先驱塞缪尔·格林认为，一个人成年后应对学习、工作和生活的各项能力来自他14岁以前所阅读的东西和从书本当中获得的基本价值观。所以，中小学生的阅读习惯越早形成越有利于其成长。中小学生将阅读当成如吃饭、睡觉一样的日常行为时，标志着他们阅读习惯的基本养成。

第四节　阅读方法及其运用

阅读方法按照不同的分类标准，可分为朗读、诵读、默读、泛读、精读、略读、跳读等。对于中小学生来说，学会并灵活运用各类阅读方法，才能切实提升他们的阅读能力。

朗读是把诉诸视觉的文字语言转化为诉诸听觉的有声语言的活动。它包括但不限于朗诵、吟诵和诵读，外延较广，对朗读的体裁和题材的包容性较强。朗读首先要求发音正确清楚，句读分明，确定适当的语调，通过声音的高低、轻重、快慢表达文本的思想情感。朗读是审美的，具有情感性、艺术性、思想性。通过朗读，可以体会文字的音律美。中国传统文化的启蒙读物和经典文学作品，如《三字经》《弟子规》《论语》《古文观止》以及唐诗宋词等一定要大声朗读，不但能增强中小学生对汉语言文字的敏感性，还能培养中小学生对传统文化的热爱之情。诵读就是通过不断朗读达到背诵的程度。诵读必须做到正确读音，理解词义和句义。诵读不但能锻炼中小学生的记忆，而且能更好地理解文本。默读指不出声地阅读。

根据阅读时所花精力的多少以及对读物内容的掌握广度、深度的不同，可分为泛读、精读、略读、跳读等。泛读包括两方面的含义：一方面指阅读的内容要宽泛，不拘泥于某个学科、某种体裁、某位作家的作品；另一方面指阅读时了解文本的大概内容即可，侧重于阅读的广度。精读指逐字逐句地读，对阅读内容进行反复推敲、揣摩，是吸收文化知识、打好人文底子的重要途径，着眼于阅读的深度。大量而广泛的阅读为精读奠定了能力基础，特别是选择、评价文本的能力。没有广泛阅读经历的人，眼界会狭窄，容易钻牛角尖。略读，是一种浏览式阅读，其目的在于搜集与自己学习、工作、研究相关的阅读资料，或者了解某一学科领域中的前沿研究动态。跳读，即跳跃式阅读，指不必逐字、逐句甚至逐页阅读。阅读时把那些无关紧要的或早已熟知的内容，整行、整段甚至整页地跳过去，只阅读自己感兴趣或需要的内容。

对于中小学生来说，阅读过程中运用最多的是朗读、诵读、泛读和精读。具体到一本书的阅读，则可以按以下阅读方法进行：首先通读。第一遍可以快速阅读，采取泛读、略读或跳读的方式，重点在于了解整本书的主要内容。通读一遍后，再根据文本内容和读者个人的兴趣爱好决定是否精读，即先求通，再求精。在通读的过程中，遇到不懂或有疑问之处，可以先跳过去。如果一开始纠结于某个字句或段落，将会一直原地打转，反而会阻碍阅读者对整本书内容的掌握和理解。因此，第二遍需要比较细致地通读，基本掌握整本书的精神脉络，把一本厚书读成薄书，能够运用自己的语言简要概述全书的精髓。第三遍，带着问题读，有重点地读，如果是文学作品，更需要浸润式阅读。对于一本需要精读的书来说，按照上述阅读步骤进行阅读，基本可以达到掌握和理解整本书内容的阅读目的。阅读的内容和数量累积到一定程度，理解力和鉴赏力必然会不断提高，也就渐渐能够理解以前不理解的地方了。

为了更好地指导中小学生科学、高效地进行阅读，作为中小学生阅读引导者的家长或监护人、老师、图书馆馆员、阅读推广人应学习、了解、掌握并熟练运用各种阅读方法和策略。

宋朝的理学大儒朱熹概括归纳出"朱子读书法"六条，即"循序渐进、熟读精思、虚心涵泳、切己体察、着紧用力、居敬持志"[①]。"循序渐进"强调读书要按一定的次序，应扎实打好基础，不可囫囵吞枣，急于求成；"熟读精思"强调熟读成诵，精于思考；"虚心涵泳"要求反复咀嚼，细心玩味，强调有虚心才可能有涵泳；"切己体察"强调读书要身体力行，要有个人的体察，这是一种必不可少的学习方法；"着紧用力"和"居敬持志"强调的是精神状态，"居敬"强调读书必须精神专注，"持志"指要树立远大志向，且长期坚守。

我国当代著名的美学家、文艺理论家、教育家朱光潜先生在《朱光潜谈读书》[②]一书中从读书的方法、乐趣以及体悟等方面向读者阐述了"读什么书""如何读书"以及"为什么读书"。对于一代美学宗师朱光潜先生来说，读书既是他通向学术高峰的必经途径，也是他的深厚学养和丰富灵魂的重要源泉。

美国的莫提默·艾德勒和查尔斯·范多伦合著的《如何阅读一本书》[③]，是一本比较专业的阅读学普及读物。主要论述了阅读的四个层次和各类读物不同的阅读方法。作者将阅读分为四个层次：第一个层次是基础阅读，通过接受基础的阅读训练，掌握阅读的基本艺术，获得初步的阅读技巧。第二个层次是检视阅读，即要求阅读者在规定时间内完成一项阅读任务。第三个层次是分析阅读，即全盘阅读、完整阅读，或者说优质阅读。第四个层次为主题阅读，这是所有阅读中最复杂也最系统化的阅读，是阅读主体达到自主阅读的最高境界。这本书对不同读物的阅读方法分别进行论述，包括实用书、想象文学、历史书、

---

① 张洪，齐熙. 朱子读书法[M]. 天津：天津社会科学院出版社，2016.

② 朱光潜. 朱光潜谈读书[M]. 北京：中国青年出版社，2012.

③ 艾德勒，范多伦. 如何阅读一本书[M]. 郝明义，朱衣，译. 北京：商务印书馆，2004.

科学与数字、哲学书、故事、戏剧与诗等。这本书对家长、教师、图书馆馆员、阅读者个人来说都具有非常强的指导意义。

日本斋藤孝的《阅读的力量》①强调阅读是心灵塑造的过程，分别从塑造自我、锤炼自我、扩展自我三个方面阐述了阅读对阅读主体自我成长的促进作用。这本书认为阅读首先是为了塑造自我，提升自我的人性修养；其次是锤炼自我，阅读主体通过与书籍的互动，产生亲密接触；最后是扩展自我，阅读主体通过阅读有所发现、积累和进步。通过上述三个方面的相互作用，锤炼出更有阅读力和创造力的自我，塑造更加健康、高尚的自我。

第五节　阅读对于中小学生个体成长的作用

阅读对于个人而言，是学习知识、发展智力、认识世界的最根本的途径；阅读对于一座城市而言，是提升品位、走向文明的最坚实的基础；阅读对于一个民族、一个国家而言，是促进社会和谐发展、凝聚民族信念的最有效的方式。因此，阅读不仅关乎个人的成长，还关乎家庭的幸福、城市和国家的发展和繁荣。对于中小学生来说，阅读不仅是帮助他们实现个体学习和成长的重要途径，也是引导他们认识世界的重要窗口，更能为未来投入社会发展洪流积聚力量。

阅读作为一种活动，是人的意识、思维、心智、认知、情感等全部参与的发展性活动，是一种需要渐进培养能力的活动，同时也是人建构其精神意义和文化生活过程的活动。尽管每个生命体存在先天的差异，但阅读是可以通过后天培养而掌握的能力。阅读对中小学生来说可以有以下几种帮助：

一、帮助中小学生养成身心健康发展的良好习惯

中小学生的身心健康包括生理和心理健康两个维度，大量、广博的阅读确实能增强阅读者的身心健康。从生理学的角度来看，阅读通过对人的大脑进行持续不断的刺激，让大脑皮层始终处于活跃的状态，脑部功能得以保持良好的状态。此外，阅读时需要调动人的视觉、听觉、触觉等各种感官功能，让大脑、手、眼、口、耳等器官形成一个相互联系的综合体。中小学生的各项器官尚处于发育阶段，特别是脑部的发育尚不完善，尤其需要阅读的刺激。此外，具有良好

---

① 斋藤孝. 阅读的力量[M]. 武继平，译. 厦门：鹭江出版社，2016.

阅读习惯的中小学生通过大量而广泛的阅读，从书中汲取更多有益身心健康方面的知识，如营养学、卫生学、心理学等，保持健康的饮食习惯和作息规律，为今后的学习、生活和工作积攒健康资本。

人类通过阅读让知识得以不断丰富，视野得以开阔，甚至可以超越时空和个体的限制和束缚，拓展和丰富生命的体验。土耳其文学巨擘奥尔罕·帕慕克在《白色城堡》一书中写道："人生犹如单趟车旅，一旦结束，你就不能重来一次了……但是假如你能一卷在握，不管那本书多么复杂或艰涩，假如你愿意的话，当你读完它时，你可以回到开头处，再读一遍，如此一来就可以对艰涩处有进一步的了解，也会对生命有进一步的领悟。"[①]阅读使每位阅读者对生命有了多样化的体验和领悟。

阅读对中小学生心理健康的影响主要体现在阅读习惯的培养和阅读作用两个方面。长期阅读培养出来的阅读或写作爱好，能够成为中小学生闲暇时寄托身心的方式。中小学生如果能在读书中寻出一种趣味，将来抵抗诱惑的定力肯定会更强。非心理学领域有一种现象叫记忆的沉潜。早年读过的书，即使没有刻意记下，也不会全部忘记，而是尘封在记忆里。那些读过的书，通过记忆的沉潜，在不知晓时，潜移默化地提升人的思维认知，帮助人脱离愚昧。正如伊顿公学校长威廉·考利所说："学到的知识，很大一部分会被忘却，而被忘记的知识的影子会成为你的铠甲，保护你不被愚昧反噬。"

著名作家梁晓声认为人类通过阅读可以发展出抵抗寂寞的能力。有人将寂寞形象地表述为：每天做着并非自己最感兴趣的事，说着并非自己最想说的话，即使身处喧嚣的人群中，仍然会感觉到难以排遣的寂寞。这种精神层面的寂寞在独生子女一代表现得尤为明显。随着现代家庭人口结构和居住空间的缩小，人与人之间的交流空间变得越来越局促。对处于生命活力最旺盛阶段的中小学生来说尤其如此，他们中的大部分人都无法自由地释放生命的活力。因此，他们尤其需要培养抵抗寂寞的能力。这种能力，除了运动，就是阅读。人们通过阅读具备思考的能力，通过阅读实现跨越时空的交流，保持思维的活跃。小部分人通过阅读发展出的文字表达能力经过长期的创造实践结出文艺的果实，部分作品通过阅读的传播成为激励他人的精神力量。如史铁生在遭受病魔的侵袭失去行走能力的情况下笔耕不辍，创作出《我与地坛》《病隙碎笔》等一系列闪耀人性光辉的生命笔记，启迪了无数读者，给他们送去光明和力量。

中小学生通过阅读，感受故事情节的魔力，从文字中获得安宁与抚慰，将书

① 帕慕克. 白色城堡[M]. 沈志兴，译. 上海：上海人民出版社，2006.

中角色的遭遇和生活态度与自身进行观照，最终让自己的心境归于平和，学会自洽和安然，这正是阅读提供的自我修复的力量。英国著名作家威廉·萨默塞特·毛姆甚至将阅读比喻成“随身携带的避难所”。

一个人获得一生幸福的前提除了要拥有获得幸福生活的各项物质条件外，还要具备体验幸福的心理感受能力。中小学生可以通过阅读提升文化和艺术修养，提升体验生活幸福感的能力。如果跟书籍的亲密接触对中小学生来说是一种乐趣，那么那些并不以识记为目的的大量事物、真理和规律就很容易进入中小学生的意识，并带给中小学生无尽的思考。中小学生在阅读人物传记时，传主在坎坷经历中所产生的强大的意志力和道德力量，会给中小学生带来震撼和反思，进而使他们以更高的道德标准、生活目标来要求自己，通过自我对话完成自我的救赎与成长。

关于阅读对个人心理和精神上的疗愈作用，笔者推荐北京大学图书馆王波博士的《阅读疗法》(海洋出版社 2014 年版)。王波博士在《阅读疗法》一书中对英、美等国关于阅读疗法的概念、类型、适应对象、推荐书目等进行系统分析，对阅读疗法的原理进行本土化再造，对其在中国的发展简史进行梳理，包括思想史和医察史。该书对阅读疗法在中国的理论研究和实践做了相当全面的总结，展望了阅读疗法在中国的发展前景。对担负着中小学生阅读指导和推广职责的家长、老师、图书馆馆员、阅读推广人来说，该书可以提供关于阅读的理论和实践指导。

二、帮助中小学生发展语言和文字运用能力

语言作为重要的交际工具和思维工具，它的发展与思维的发展相互依存，相辅相成。文字既是文化的载体之一，又是文化的重要组成部分，因此，学习并运用语言文字的过程也是学习和传承中华传统文化的过程。文字作品无论是形式还是内容都可以成为人类重要的审美对象，如“书圣”王羲之的《兰亭集序》就是文字从内容到形式的完美结合，是集艺术性和文学性于一体的稀世珍宝。中小学生通过长期、持续地阅读各类文学作品、绘画作品、书法作品，聆听传统戏曲，如京剧、昆曲等，获得审美能力的提升。

中小学生在广泛的阅读活动中，通过主动地积累、梳理和整合，逐步掌握汉语言文字特点及其运用规律，形成运用语言的文学经验，发展在具体的学习、生活情境中正确、有效运用祖国语言文字进行交流沟通的能力。

语言文字的运用，包括生活、学习和工作中的听、说、读、写活动以及文学活动，存在于人类社会的各个领域。语言表达能力包括口头表达能力和文字表达

图 1-1　《阅读疗法》(海洋出版社 2014 年版)封面

能力。口头表达能力是指通过口头语言表达自己的思想、情感,以达到与人交流的目的的一种能力,包括完整的形体语言,它比文字表达具有更直接、更广泛的交际作用。文字表达能力指运用文字阐明自己的观点、见解以及抒发思想、感情的能力,是将自己的实践经验和决策思想,通过文字表达的方式使其条理化、系统化、科学化的一种能力。

良好的口头表达能力指能根据交流对象和场合耐心、专注地倾听,能根据对方的话语、表情、手势等领悟对方的观点和意图,能准确地表达自己的观点,做到条理清晰、句式连贯、内容不偏离话题,同时通过恰当的肢体语言,如面部表情、手势、声调、语气,使自己的表达具有感染力和说服力;在交流过程中,能根据需要及时调整自己的表达内容和方式,不断提高应对能力。

现代社会,良好的口头表达能力能帮助中小学生更好地融入学习和生活环境,是与他人进行有效沟通、合作的前提。中小学生在今后参加升学考试或各类工作岗位招聘、晋职面试时,语言表达能力都起着至关重要的作用。如不太会说话,表达不清,离题发挥,时间掌握不好等,都可能会因此错失很多机遇。所以,中小学生除了培养阅读、思考的能力外,还必须着意培养自己的口头和书面表达能力，做到能说会写。

朗读、背诵是提高中小学生口头表达能力的有效方法。朗读、背诵可以帮助中小学生深入理解文本内容，增强记忆，丰富中小学生的知识储备。中小学生通过朗读，可以增强语感，并在反复诵读过程中，把文本语言变成自己的语言，提高口语表达能力。即席发言对口语表达能力要求很高，首先，需要认真听取别人发言，注意观察周围听众的情绪反应；其次，要思维敏捷，对对方的发言进行归纳综合，迅速形成蕴含自己思想脉络的发言提纲；再次，要有广博的知识，脑海中要有丰富的材料。生动、丰富的修辞语言和得当的形体语言也是决定口头表达效果的关键。

如果说阅读是输入的过程，那么写作则是输出的过程。只有经过大量、广泛地阅读，才有可能获得高超的写作能力。全媒体时代，准确、优雅地使用汉语言文字是一项公民应该具备的能力，这种能力的习得主要依靠大量而有效的阅读。对于中小学生来说，未来社会对他们的生活和工作技能提出更高的要求，他们更需要通过阅读强化写作能力。

《东坡志林》里提到，有人问欧阳修怎么写文章，他说："无他术，唯勤读书而多为之，自工。世人患作文字少，又懒读书，每一篇出，即求过人，如此少有至者。疵病不必待人指摘，多做自能见之。"[①]中小学生通过大量的阅读为写作积累必要的知识素材。一般来讲，受过良好阅读训练的中小学生能够顺畅地将自己的想法和需求诉诸笔端，即拥有良好的书面表达能力。

三、帮助中小学生发展学习能力

对于中小学生来说，外貌、气质、智力等因素都会或多或少打上遗传基因的烙印，知识却不可能通过遗传自动获得，必须遵循学习的自然法则。值得庆幸的是，中小学生"通过阅读能够跨越缓慢的知识积累过程，在人类已有知识的基础上实现递进式发展"，为中小学生获得学习能力奠定基础。

所谓学习能力是指个体所具有的能够引起行为或思维方面比较持久变化的内在素质，必须通过一定的学习实践才能形成和发展。学习能力很大程度上与一个人的观察力、记忆力、注意力、理解能力、抽象概括能力等呈正相关的关系。上述各项能力的高低决定一个人接受知识的快慢、深浅。中小学生只有具备了一定的学习能力，才能获得自如行走在未来社会丛林的资本。苏联著名教育家瓦·阿·苏霍姆林斯基在《给教师的建议》一书中断言："30 年的经验使我

① 苏轼. 东坡志林[M]. 青岛：青岛出版社，2010.

深信，学生的智力发展取决于良好的阅读能力……一个不阅读的学生就是一个学习上潜在的差生。"具有良好的注意力和理解力的学生，学习能力一般都很强，学习成绩自然也会优秀[①]。

阅读能力是构成学生整个学习能力的基础，是学生学业成就的主要体现，以及未来成功从事各项工作的基本条件。阅读能力不好，理解力、对知识的接受度都比较差，当知识量加大时，学习就变得困难。未来社会信息会越来越纷繁复杂，各种交流更加频繁，科技手段也会不断更新，这些都要求中小学生必须具备自主学习、自主思考和独立判断的能力。只有这样，才能以信息科技为武器，找到发挥潜能、解决问题的路径，实现个人和社会价值。新加坡前总理李光耀曾经说过："21 世纪竞争的必要条件是快速吸收讯息的能力与正确表达意思的能力。"现代人成为一个具有高竞争力、高生产力、高附加值的人的重要途径是接受各类教育和开展大量阅读，提升自己，进而实现自我的成长和发展。

阅读和思考、表达密切相关，中小学生通过阅读能进一步发展形象思维能力、逻辑思维能力和批判性思维能力。上述三种能力是阅读能力的升华，是中小学生进入高级阶段学习甚至终身学习所必须具备的能力。

形象思维又称"直感思维"，是指以具体的形象或图像为思维内容的思维形态，是认识和反映世界的思维形式之一，具有形象性、非逻辑性、粗略性、想象性等特点的思维过程。中小学生通过阅读大量的文学性读物可以发展良好的形象思维能力。逻辑思维则以概念为材料，依赖于语言这一载体，每一步思维都有充分依据，具有抽象性的特征。具备逻辑思维能力是进行正确、合理思考的首要条件。只有具备了深厚的知识积累，才能为推理提供依据。知识基础越坚实，知识面越广，想象力才会越强，逻辑推理能力才会更高。逻辑推理对语言应用能力有一定要求，因为只有通过严谨的语言表达出来的内容才能让听众或读者大众明白。逻辑思维能力不仅是中小学生学好数学必须具备的能力，也是学好其他学科、处理日常生活问题所必备的能力。批判性思维是根据一定的标准评价思维，进而改善思维，是一种反思性思维，既是一种思维技能，也是一种思维倾向。批判性思维能力，是一种在纷繁复杂的社会生活中处理复杂问题的能力。全媒体时代，各类信息纷至沓来，具备批判性思维能力的人能够选择自己需要的信息，忽略冗余信息，能够准确判断信息的正误以及是否可信，甚至能够根据很少的信息，对某件事进行分析，得出自己需要的信息。

---

① 苏霍姆林斯基. 给教师的建议[M]. 杜殿坤，译. 北京：教育科学出版社，1984：10.

四、帮助中小学生树立正确的世界观、人生观和价值观

人生观和世界观决定一个人对整个人生意义和世界价值的基本看法，包括人生的意义、真善美、生与死的本质、人与自然、人性与社会性、社会公平的准则、伦理道德的底线，等等。人生观、世界观深刻影响着中小学生一生的追求及思想行为模式。书籍是前人探索和理解世界的记录，承载着古今中外文化。读书亦是读生活，读书是通过别人的人生经验观照自己，用有限的生命去学习无限的知识。

一个人在儿童期间读过的书决定着他的精神丰富性，决定着他对生活的认识和体验，也决定着他成年以后的思想观念和情感。真正的阅读能激起中小学生对生命个体和世界的深思，没有这种体验的阅读，很容易受到精神空虚的威胁。中小学生处于认知起步、习惯养成、人格发展的关键时期。中小学生通过阅读，除了获取知识，还能在精神上得到感化与陶冶。中小学生通过阅读能够理解何谓真、善、美，初步形成积极、健康的人生观与世界观，形成正确的价值观，为个体成长打下精神底子。

中小学生通过广泛的课内、课外阅读，能够形成良好的思想道德修养和科学人文修养，为终身学习奠定基础，为传承优秀传统文化，增强创新能力发挥独特的作用。作为未来社会发展的中坚力量，中小学生的综合素质和核心竞争力决定了未来国家发展的前景。

读书多了，气质也会随之改变，许多时候，自己可能以为许多看过的书都成过眼烟云，不复记忆，其实它们仍然存在着，在气质里、在谈吐上、在胸襟的无涯，当然也可能显露在生活和文字中。英国工党杰出领导人赫伯特·莫瑞生15岁时在伦敦一家杂货店当小工，一个街角的面相师替他看面相，然后问他看些什么书。“大多是血腥的谋杀案和短篇小说。”莫瑞生说，他指的是书报摊上一分钱一本的恐怖小说。那个面相师说：“看无聊的书总比什么都不看的好，但是你的头脑太好了，不该只看那种书。何不看些比较好的书？比如，历史、传记。你可以喜欢什么就看什么，但是要养成严肃的阅读习惯。”面相师的忠告是莫瑞生一生的转折点。他使莫瑞生明白虽然自己只念过小学，还是可以通过阅读来实现自我教育，提升自己。自此莫瑞生开始上图书馆苦读，从而为他在英国下议院的生涯奠定了基础。

五、滋养民族心灵，增强文化自信

中华传统文化既是人类社会记忆的一部分，也是对民族文化的记载和传

承;革命文化通过文学的力量展现中华民族的战斗力和生命力;社会主义先进文化则全面体现了社会主义核心价值观,在传播的过程中被全体公民所了解、感知和传递,激发每个人的民族自豪感和文化自信心,产生文化认同,增强文化自信。中小学生通过大量的阅读,继承和弘扬中华优秀传统文化、革命文化和社会主义先进文化,深刻地感知到作为国家未来主人翁的责任感和使命感,将自己培养成有理想、有担当的时代新人,树立为中华民族伟大复兴而努力的奋斗目标。

全民阅读的根在于未成年人,中小学生作为构成未成年人的最大群体,他们的阅读能力、阅读习惯等的形成对全民阅读的可持续性、可发展性起着决定性作用。因此,中小学生阅读生态环境的构建具有战略意义,需要全社会达成共识,共同关注,也需要我们从国家发展和民族未来的战略高度予以全方位的推进。

第二章　全媒体时代的出版和传播环境

阅读环境，指与阅读相联系的所有客观条件，既包括阅读主体所处的时代与社会环境，即阅读大环境，如教育环境、出版环境、传播环境等，也包括阅读主体所处的小环境，如家庭、学校、图书馆及其他阅读处所，甚至包括家庭藏书和书刊购置费用，居住或工作地点同图书馆、书店等机构或场所的距离等。

从阅读大环境来说，阅读具有社会性，且与时代息息相关。阅读环境往往引领并作用于阅读的方向，形成阅读的某种潮流与风尚，影响阅读主体对读物的选择和偏好，最终影响阅读主体认知、人生观和价值观等的构建。如 20 世纪 80 年代我国兴起的西方经典著作热，在出版界、教育界引起巨大的反响。从阅读小环境来说，阅读具有鲜明的个性化、私密性特征，读者阅读能力、阅读习惯和阅读旨趣的形成很大程度上取决于其所处的阅读小环境。

阅读活动作为传播活动的重要组成部分，自诞生之日就与媒介技术的进步息息相关，从古埃及的纸草书到中世纪的羊皮书，从印刷术发明后印本书的流行，再到互联网时代种类繁多的电子书，从以文字为主的纸本书到集声像、影视于一体的立体书，如有声书、VR/AR 等，阅读内容和形式的每一次改良和变化或都伴随着媒介技术的一次次更迭。从出版和传播的角度来说，人类阅读的发展史就是一部媒介与传播技术的变迁史。

当时间的车轮驶入全媒体时代，阅读面临比以往任何时候都更纷繁复杂的生态环境，对阅读水平和习惯的影响起着决定作用的出版环境、传播环境、教育环境发生了天翻地覆的变化。本章着重对出版环境和传播环境进行探讨。

第一节　全媒体时代的出版环境

阅读，对于成年人而言，是非常自由、非常个性化的事，但对于作为未成年人的中小学生来说，则“染于苍则苍，染于黄则黄”，具有极强的可塑性。中小学生阅读，特别是小学低年级阶段的阅读更是属于人生启蒙认知阶段的“白纸”阅读、起始阅读和刻痕阅读。

全民阅读活动的蓬勃发展与构成中小学生阅读生态环境源头的出版环境密不可分。出版作为连接作者和读者两端的中间环节，将作者的精神文化产品物质化、有形化，最终以文本的形式呈现给读者，并将读者的需求反馈给作者，使作者的创作更好地贴近读者的需求，实现作者和读者之间的精神交流。从某种意义上说，出版环境对阅读生态环境起着决定性的影响。进入全媒体时代，我国出版环境呈现如下特点：

一、图书出版种类和主题日益丰富

我国年均出版图书的品种数量位居世界第一。少儿图书成为图书出版增长的主力，主要得益于国家新闻出版部门、文化和教育部门对全民阅读推广工作的倡导，通过家庭、学校、社会等多方力量的共同推动，不少中小学生普遍养成了良好的阅读习惯，对少儿图书具有旺盛的需求。儿童文学、图画书、科普百科类少儿图书市场增长最快。

原创图书种类日益丰富。我国出版物引进和输出的比例从 40 年前的 48∶1，缩小到 2020 年的 1.7∶1。上述数据表明原创图书比例大幅增长。儿童文学类图书，特别是童话类图书、小说类图书，包括反映现实社会生活的中长篇小说以及反映大自然的动物小说和环保小说，都受中小学生的喜爱。一大批青年科普作家，以及既从事科学研究，又具有丰富科研工作经验的专家、学者积极投身科普创作，为我国图书界奉献了多部科普、科幻类著作。如著名科幻作家刘慈欣的《三体》、郝景芳的《北京折叠》先后荣获由世界科幻协会颁布的雨果奖。这标志着我国科幻小说的创作已达到国际化水平。曹文轩、梅子涵、秦文君、伍美珍等的校园小说在小学生和初中生群体中非常受欢迎。

科普文学创作取得突破性发展。很长一段时间以来，我国的科普文学一直是我国儿童文学创作和出版的短板。科普读物数量少，精品读物更是屈指可数。我国著名科普作家叶永烈创作的《小灵通漫游未来》以细腻的文笔、诙谐的笔触、充满想象力的故事情节丰富了一代青少年读者的科学想象力。进入 21 世纪以来，随着具有理工科学科背景的专业人才不断加入科普文学创作的队伍，我国的科普文学创作取得了不小的进步。近几年比较畅销的有北京理工大学出版社出版的《诗经里的博物学》，这是一部诗经里的动植物的百科图鉴。商务印书馆出版的 14 本套装的“自然感悟”丛书，包括《时蔬小话》《追随昆虫》《植物也邪恶》《南开花事》等。此外，还有刘先平的探险小说《云海探奇》《千鸟谷追踪》《山野寻趣》《黑叶猴王国探险记》等。曾经担任中国北极科考队总领队的位梦华创作的极地文学系列《两极纪实》《从北极到夏威夷》《从宇宙到生命》等。中国首位迪士尼签约作家、中国少年科幻小说创作领军人物杨鹏创作的幻想小说《装在口袋里的爸爸》《校园三剑客》《幻想大王奇遇记》等。

精品力作不断涌现。2012 年 10 月 11 日，作家莫言获得 2012 年诺贝尔文学奖，获奖理由是“通过幻觉现实主义，将民间故事、历史与当代社会融合在一起”。2015 年 8 月 23 日，著名科幻作家刘慈欣的《三体》荣获第 73 届雨果奖最佳长篇故事奖。2016 年 8 月 21 日郝景芳的《北京折叠》获得第 74 届雨果奖最佳中短篇故事奖。2016 年 8 月 20 号中国著名儿童文学作家曹文轩荣获 2016 年国际安徒生奖文学奖，这是安徒生奖设立 22 年来中国作者首次获此殊荣。这标志着中国儿童文学和童书出版走向世界，在国际儿童文学界和出版界占据了一席之地。曹文轩的代表作《草房子》迄今先后印刷 500 余次，总印数达 2000 万册，当当网评论超过 43 万条。曹文轩在获颁安徒生奖时说道：“中国最优秀的儿童文学就是世界水准的儿童文学。”

国外经典著作，包括文学类、社科类和科普类作品被大量引进。如凡尔纳的系列科幻小说、J. K. 罗琳的《哈利・波特》系列、托尔金的《魔戒》三部曲、史蒂芬・霍金的《果壳中的宇宙》等。

公版书出版的繁荣。公版书指已进入公共版权领域的图书。根据我国著作权法规定，公民作品的著作权保护期为作者终生及其去世后的 50 年，超过此年限，作品即进入公共版权领域，成为公版书。由于公版书不再需要向作者支付版权税，对于出版单位来说，可以获得更大的利润空间。此外，由于中高考对文学名著的考查比例的增加，全民阅读推广活动的蓬勃发展，中学生读者对经典名著的阅读产生旺盛的需求。公版书的再版一定程度上弥补了原创首版新书量的不足，同时也为原创图书的创作和出版提供了思路和灵感。

公版书的再版大致可分为三种形式：第一种是原封不动地保留原作内容，重新设计图书封面并重新排版，如将原作的竖排繁体字转为符合当代人阅读习惯的横排简体字。这类图书出版后因装帧、排版精美，纸张质地精良，墨色浓淡相宜，字体大小适中，便于阅读，给读者带来更舒心的阅读体验，加上后期的大力宣传，让这些公版书摆脱过去从故纸堆里掏出来的破落、灰败形象，获得了中小学生读者的喜爱。第二种是对原作重新进行编辑加工，包括对情节和人物进行删减，省略细节描写。对于处于学习阅读阶段的小学生来说，阅读跨越时空的作品比较吃力。成书于明清时期的《三国演义》为文言小说，《水浒传》《红楼梦》《西游记》等古典小说均采用当时的白话文进行著述，与当代的语言有一定的疏离和隔膜。即便是民国时期的白话文，如鲁迅先生作品中的某些语句对现在的中小学生来说都会产生一定的阅读障碍。外国的经典作品也是如此，几十年前翻译的版本，因为译者语言时代性的问题，有些作品读起来也许不会那么顺畅。两卷本的《水浒传》经过改编变成薄薄的一本，文字也由古代白话文变成现代汉语。这类再版书被称为“拆门槛”，主要目的是降低作品的阅读难度，最大限度地争取读者，特别是中小学生读者，扩大图书的销量。这种形式的再版在外国名著中也不在少数。第三种是对传统典籍进行现代意义上的解读，如易中天的“品三国”系列，对“四书五经”的译注，如李泽厚先生的《论语今读》，任继愈先生的《老子译读》等。出版单位应不断地发掘新的公版书，及时出版，同时加强宣传，让更多的经典图书进入公众的阅读视野。

公版书中再版数量最多的属文学类图书。从 2013 年至 2016 年 8 月不到 3 年的时间，《全唐诗》《三字经》《西游记》《红楼梦》《水浒传》《三国演义》重复出版分别达到 564 种、538 种、525 种、492 种、485 种、484 种，《福尔摩斯探案集》重复出版达 580 种，排名第一。上述数据同时说明经典名著在普通读者中有着无穷魅力。

与此同时，也有一些再版图书存在审校不严，内容错误百出，特别是读音、字形等方面的错误，或装帧、排版、纸张质量低劣。少数出版物在版式设计、装帧设计、文字编校及印刷质量方面存在严重问题。编校质量不过关，差错率超过国家规定标准，特别是一些传统文化读物，如《三字经》《论语》等启蒙读物，如果审校不严导致错讹，可能会给缺乏分辨能力的中小学生带来困扰。出版单位对于公版书的再版不能掉以轻心，编校过程中应仔细核对原作，秉持精品意识。

二、出版载体呈多元化和数字化特点

随着现代生活节奏的加快，国人的阅读需求呈现新痛点。如何满足人们的碎片化阅读需求，如何让阅读适应快速切换的场景成为摆在出版业面前的实际问题。在互联网及全媒体视听技术快速发展的基础上，出版单位将出版物的内容获取途径从单一的视觉向听觉，甚至触觉、味觉、嗅觉拓展，如有声书、电子书、视频、AR/VR 图书等。在阅读场景多样化、碎片化的背景下，有声书、电子书与纸质书一起，为读者带来符合不同场景需求的阅读载体，通过对读者感官的全方位满足，增强图书内容的感染力。听读一体、阅读随心的全媒体出版理念与行动正在开启第四次阅读革命。

(1) 有声读物的大量开发。有声出版物最早起源于美国。为满足视障者阅读需求，美国国会和美国国会图书馆于 1932 年联合推出系列有声读物，获得良好的市场反馈。1955 年，美国正式建立有声书库。我国的有声出版可以追溯至 1979 年，全国百余家电台先后播出刘兰芳播讲的长篇评书《岳飞传》《杨家将》《呼家将》，鞍山人民广播电台播出单田芳的评书《隋唐演义》《三侠五义》《七杰小五义》《白眉大侠》《三国演义》《西游记》等古典小说评书。在那书籍无比匮乏的年代，两位演员的评书培养了一批批青少年听众对文学的爱好。朱自清先生曾经回忆道，“《诗经》我没有正式地读，家塾里有人常在读，我听了多遍，就能成诵大半。于今我记得最熟的经书，除《论语》外，就是听会的一套《诗经》。我因此想到韵文入人之深，同时，读书用目有时不如用耳。”

2003 年，我国第一家专业听书网站“听书网”正式开通，其后，喜马拉雅、蜻蜓、懒人听书等有声书平台纷纷兴起，有的出版社在出版纸质图书时会根据出版物内容配套推出相应的音频、视频等数字化产品，特别是儿童读物和中小学生配套的课外读物，以满足读者节省时间、丰富阅读体验等多样化需求。

5G 时代的到来，人机交互、语音识别等智能技术的更新迭代，有声阅读产业与智能技术的融合速度进一步加快，融合程度进一步加深，智能耳机、可穿戴设备、车载智能系统等的开发及应用为人们进行有声阅读创造了更便捷的条件，在居家、出行、学习、工作等各种生活场景下都可以随时随地进行有声阅读。2020 年喜马拉雅 FM 开展的“123 狂欢节”，平台内容消费总额突破 10.8 亿元，展示出我国有声阅读市场强大的购买力。值得警惕的是，由于网络音频平台和自媒体缺乏严格的准入和监管制度，有声读物质量良莠不齐，最常见的就是主播的专业素质良莠不齐，有些主播甚至不具备基本的普通话水平，吐字发音不标准，甚至会出现读音错误，对于尚处于基础知识积累阶段的中小学生来说，会产生一些不良的影响。此外，部分有声读物内容质量低下，呈现低俗甚至恶俗等特征，直接影响中小学生的阅读品位，甚至产生错误的价值导向。这类读物的阅读同时也侵占了中小学生宝贵的课余时间，造成中小学生时间和阅读能力养成方面的双重损失。

（2）网络文学的出版市场规模不断扩大。根据网络小说改编出版的图书深受中小学生的喜爱，如《花千骨》《琅琊榜》《三生三世十里桃花》《甄嬛传》《如懿传》等。有些网络小说在互联网上十分火爆，进而改编成电视剧，在收视率和口碑上均表现不俗，之后再出版纸质书。网络小说质量良莠不齐，但其中不乏精品力作，如《琅琊榜》，无论是图书还是电视剧，都可归入畅销类作品。再如电影《少年的你》，根据网络写手玖月晞的小说《少年的你，如此美丽》改编，不仅成为 2019 年度电影票房的“黑马”，而且引发了社会公众对校园暴力这一恶性社会事件的广泛关注。

(3) AR图书的横空出世。AR(Augmented Reality)图书，即增强现实图书，指在图书或杂志中插入相应的视频节目图片，通过手机扫描相应的图片，就能看到有声有色、原汁原味的视频节目，从视觉、听觉甚至触觉满足读者的阅读需求，感受阅读的愉悦。对于相对晦涩难懂的传统经典图书来说，AR图书不失为传播和推广阅读的有力渠道，对于普及经典具有不可小觑的作用。中央电视台的《百家大讲堂》《中国汉字听写大会》《中华诗词大会》《朗读者》《经典咏流传》等人文类综艺节目热播后，人民文学出版社紧跟收视热点出版同名图书，将AR技术引入书中，实现了不同媒介之间的高度融合，开启了图书出版和传播的新时代。

三、出版物的装帧、印刷质量逐步提升

出版物装帧、印刷质量指出版物的封面设计、版式设计、正文排版、字体、字号、装帧、印刷质量等。一部质量上乘的图书是从内容到形式的完美统一。

图书的辅文包括序、前言、目录、后记、译后记、跋等。序包括作者自序、代序、编者序、译者序等。除了交代创作者的个人情况，会把关于该书的创作背景、创作过程、编辑出版情况，包括再版以及出版的初衷等告诉读者；前言则概述作者或编者的编著(译)意图、成书过程、学术价值及对著译者的介绍等。出版社对经典名著进行改编时，一般会加上“编者序”，对该书创作的时代背景、作者情况、版本流传情况进行说明。目录反映作者论述或编者编辑的逻辑结构。后记、译后记、跋等是对该书的内容或成书过程的补充说明，闪耀着文字之外的温情。针对中小学生的图书，最好能加上导读，对书的内容进行概括，引导学生阅读。对于处于基础教育学习阶段的学生来说，由于知识储备不足，对一些学术术语、学科背景会存在隔膜，这个时候如果能对所读著作的作者或译者的学术经历，某学科领域的代表性人物、代表性观点以及学科历史演变等有所了解，对其日后深入学习某门学科大有裨益。著名文学评论家、翻译家萧乾的译著《好兵帅克》[①]的译序，读来不仅感人至深，而且能激起读者强烈的阅读欲望。现摘录如下：

> 说起我最早接触《好兵帅克》这部世界讽刺文学名著的经过，真是有点失敬，同时也说明我对欧洲文学史有多么孤陋寡闻。
>
> 40年代初，我住在伦敦西北郊一所公寓里。每逢伤风感冒，我总找点轻松的读物，经常买的是企鹅丛书，因为当时每本仅6个便士，而

---

① 哈谢克.好兵帅克[M].萧乾，译.上海：上海译文出版社，2021：5.

且封面分别用不同颜色标志着其内容。譬如小说的封皮是橘黄色的，回忆录则是蓝色的。《好兵帅克》则被列为幽默类。

书拿起来就再也放不下了。当时我被帅克这位绝妙人物整个吸引住了。我对这本书有了相见恨晚之感，并且责怪把它列为幽默类，未免太轻率了。后来才知道，这部奇书是捷克有史以来杰作之一，已经被译成近30种文字。作者哈谢克曾被欧洲批评家与十六世纪的拉布雷（《巨人传》的作者）和塞万提斯（《堂吉诃德》的作者）相提并论。

笔者在一本杂志上读到这段文字，继而找到这本书并推荐给笔者的儿子阅读，尽管这是一个在第一次世界大战背景下发生的故事，但丝毫不影响“00后”学生的阅读兴致。

少儿图书的封面设计、版式设计、插图等不仅是书的门面，对于中小学生来说，阅读它们也能够获得艺术的熏陶。2020年11月由北京人民文学社出版的《伊卡狛格》是J. K. 罗琳十多年前为自己的孩子创作的睡前故事。2020年的新冠疫情使得很多家长、孩子无法出门，为了让居家的人们能够驱赶寂寞、获得欢乐，罗琳将这部作品在全球范围内进行免费网络连载。本书后续销售获得的版税全部捐赠给相应的组织，以帮助全世界受到新冠病毒影响的人们。该书中文版的全彩插图来自插图征集大赛，均由我国各地7～14岁的少年绘制，精彩的插图配上美妙的故事俘获了各个年龄段读者的心，特别是中小学生读者。该书秉承了罗琳一贯的创作主题，即着眼于青少年的成长，内容蕴含着勇敢、智慧、爱和友谊。与《哈利・波特》系列相比，总体基调更加明亮，阅读体验更加愉快。

绿色印刷是指采用环保材料和工艺，印刷过程中产生污染少，节约资源和能源，印刷品废弃后易于回收再利用再循环、可自然降解、对生态环境影响小的印刷方式。其一般采用大豆油墨印刷，油墨中铅、铬、铜、汞等8种重金属含量符合标准要求；纸张是再生纸、本色纸和经过森林管理认证的FSC纸张；装订使用的胶粘剂不含有苯、酯、酮等；印制完成后印刷品送相关部门检测。2012年3月北京市新闻出版局组织开展“北京市婴幼儿读物绿色印刷示范推广项目”，最终遴选出12家出版单位的118种、160多万册婴幼儿图书，将这些图书的印刷作为绿色印刷的试点。2014年秋季北京市中小学教材全部实现绿色印刷。皖版图书中，少儿类、美术类及畅销类图书绿色印刷实施率较高，教辅类图书绿色印刷实施率不够高。

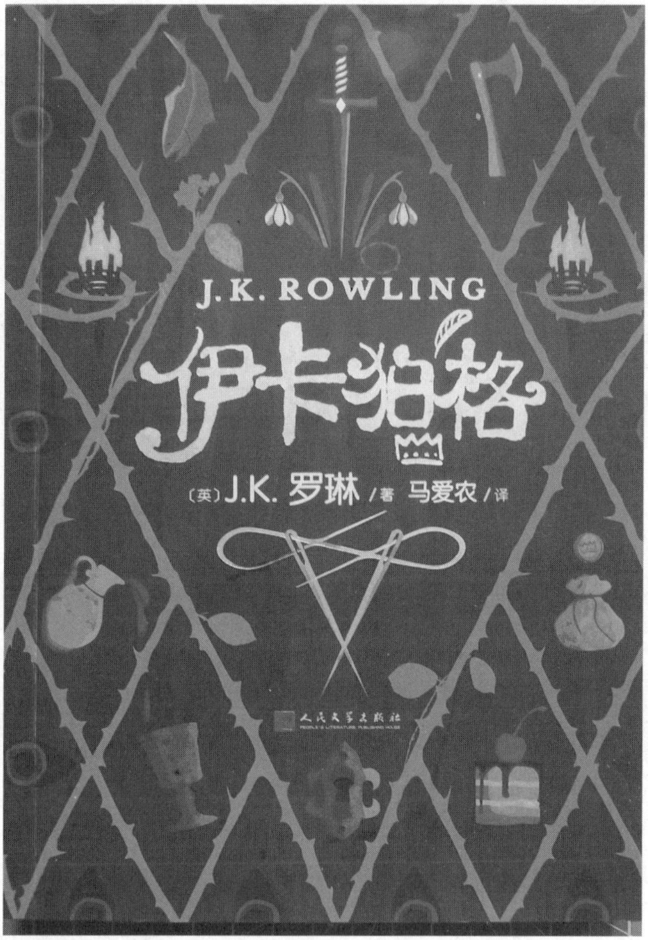

图 2.1　J.K. 罗琳《伊卡狛格》封面

四、数字出版业的兴盛

数字出版作为一种新型出版方式，一方面指内容编辑加工通过数字技术实现，另一方面指通过网络对数字产品进行传播。其主要特征包括内容生产数字化、产品形态数字化、管理过程数字化和传播渠道网络化。作为数字经济的重要组成部分，数字出版已成为全球出版业重要的发展方向。

《2019—2020 年中国数字出版产业年度报告》显示："2019 年，国内数字出版产业整体收入规模为 9881.43 亿元，比上年增长 11.16%。其中，互联网期刊收入达 23.08 亿元，电子书达 58 亿元，数字报纸（不含手机报）达 8 亿元，博客类应用达 117.7 亿元，在线音乐达 124 亿元，网络动漫达 171 亿元，移动出

图 2.2 《伊卡狛格》中的插图

版(移动阅读、移动音乐、移动游戏等)达 2314.82 亿元,网络游戏达 713.83 亿元,在线教育达 2010 亿元,互联网广告达 4341 亿元。"①

2020 年数字出版呈现增长的态势,在抗击疫情、支持学校教学、恢复生产的过程中起到了重要的作用。新冠疫情期间,数字出版为保障人民群众精神文化需求的基本供给,营造凝心聚力、积极向上的抗疫防疫的舆论文化氛围做出了重要贡献。对于中小学生来说,由于数字出版的繁荣,使疫情期间"停课不停学"成为可能,保证了亿万学子通过在线学习的方式有序完成正常的学业。数字出版正日益成为引领价值、宣传思想、传播文化、传承文明的主力军,在传播的广度和速度方面甚至超过了传统出版。

① 张立,王飚,李广宇.步入高质量发展的中国数字出版:2019—2020 年中国数字出版产业年度报告[J].出版发行研究,2020(11):20.

五、出版生态环境的优化

1. 政策、制度层面的保障与支持

阅读资源是构建中小学生阅读生态环境最基本的物质基础，出版政策则是阅读资源有效供给的保障。作为全民阅读政策的制定主体，中共中央宣传部的重要职能之一便是对出版市场和出版业进行监督管理，从出版和发行的角度规范和监管阅读资源的供给，保证出版市场能够为中小学生阅读提供充足、合法、优质、标准化的图书、报纸、音像制品等多种形式的阅读资源。

全媒体时代，出版业面临着两大矛盾：一是大众需求的娱乐化与出版业所担负的引领先进文化传播的重任之间的矛盾；二是出版的商业化、经济效益诉求与文化传播的公益化、社会效益化之间的矛盾。上述矛盾只有从宏观层面通过国家政策、制度的安排才能得以解决。国家应当建立和完善精品出版物、原创出版物的创作、出版、传播机制，鼓励和支持各种优秀出版物的出版。

随着我国儿童文学创作与出版的繁荣，我国陆续设立了不同类别的儿童文学奖，如全国优秀儿童文学奖、宋庆龄儿童文学奖、陈伯吹国际儿童文学奖、冰心儿童文学奖、年度桂冠童书、丰子恺儿童图画书奖、原创图画书“时代奖”、张乐平绘本奖等，着力于鼓励和表彰优秀图书的出版，引领儿童文学创作和出版方向。此外，还有其他各类图书或创作类评奖活动，如茅盾文学奖、冰心文学奖、中国国家图书奖、文津图书奖等。全民阅读组织或民间阅读推广机构组织相关专家面向全社会推荐各类图书，如面向全国青少年推荐的百种优秀出版物、大众喜爱的50种图书、优秀民族图书、中华优秀传统文化普及图书、优秀少儿报刊、精品文学期刊、优秀网络文学原创作品等。国家新闻出版广电总局自2004年开始组织开展“农家书屋”“百社千校”等活动。各出版机构和发行机构发布原创图画书年度排行榜、开卷排行榜、当当网排行榜等榜单。上述奖项的设置和榜单的推出，都是从精神和物质层面对原创精品出版物的支持和肯定。

2. 发掘和培养优秀的作者

作者作为知识的生产者，从源头上决定了作品的质量。目前的童书出版和销售市场与成人类图书相比，呈现出欣欣向荣的态势，同时也存在诸多问题：首先，从各大出版社或网上书店的销售和各类图书馆的借阅排行榜来看，很多图书属于古今中外的公版书，或经久不衰的畅销书，如郑渊洁、秦文君、曹文轩、梅子涵等创作的儿童文学、校园文学等。其次，童书出版存在内容和形式单一等

问题，某些作家的作品甚至被讥为“糖葫芦”式创作。再次，跟风式创作现象严重，特别是教育类图书。《哈佛女孩刘亦婷》《好妈妈胜过好老师》这类家庭教育类图书取得市场成功后，同类题材的图书如雨后春笋般涌现，这类跟风式创作有些属于作者的辛苦耕耘，有些则属于“剪刀浆糊”式的拼贴物。很多跟风书不仅书名照搬，甚至内容方面也“大胆借鉴”。造成上述状况的主要原因之一在于童书作者队伍建设速度、力度滞后于儿童阅读需求的蓬勃发展。目前的童书作者学科背景大都集中于文学、哲学、历史学等人文学科，具备理学、工学、艺术等学科背景的作者相对较少。作者学科背景的限制导致我国的童书市场以文学类图书为主，学龄期儿童也以文学少年居多。

为了多出精品，作为作者和读者沟通桥梁的出版机构，应加强发掘和培养优秀作者。各出版社应把作者队伍建设纳入绩效考核指标体系，科学、合理地引导一线编辑做好优秀作者队伍建设，通过优秀作者的培育与发掘，不断提升国内首版原创精品力作的比例。具体可采取如下措施：

（1）加强童书作者队伍的梯度建设，着力于新生代作家的发掘和培养。目前市场上畅销的儿童图书基本以曹文轩、梅子涵、秦文君等作家的作品为主。特别是小学生读者，上述作家的作品占据他们课余读物的绝大部分。他们的作品，特别是曹文轩、梅子涵等的成长小说，充满着生命的悲欢，但他们作品中描述的生活和学习经历迥异于当代中小学生，例如一些儿童成长类小说中描绘的20世纪农村生活，不但“00后”“10后”城市儿童感到陌生，同样年龄段的农村儿童也会感受到作品中描绘的场景与现实生活存在不小的时代距离，农村基础教育近年来的加速度式衰落更加剧了这种差距。即便是秦文君等创作的校园小说，其中呈现的校园生活与目前中小学生的校园生活相比也有很大的不同。因此，出版社应加强新生代作家的发掘和培养，从当代儿童的视角创作出更具有时代场景意义的作品。

（2）加强科普和科幻类题材作家的培养。科普图书作为传播和普及科学知识、科学方法和科学思想的大众读物，是提升中小学生科学素质的重要启蒙读物。优秀的科普图书对提高公民科学素质、推进科技事业发展、建设创新型科技强国等具有非常重要的意义。据统计，全国高达90%以上出版社涉及科普图书出版业务，由于缺乏科学与人文素质兼备的复合型作家，科普类图书呈现选题扎堆、作品形式单一等不足。科普图书的学科内容集中在生物学、军事学、医学、探险等与日常生活息息相关的领域，内容比较狭窄。随着基础科学的飞速发展，各学科发展呈现相互融合的态势，所以科普图书的创作内容应扩大学科类别，除了基础性科学知识，前沿性科学知识应纳入选题范围。科普或科幻类作品题材要能及时反映当下科技最新的进步，5G 时代人工智能、量子科学的勃兴，都可以通过浅显易懂的科普读物的形式进入中小学生的阅读范围。出版社可以与中国科协联手组建作家队伍，通过各类征文比赛发现优秀的年轻科技工作者，或者利用自己的资源优势，促成一线科技工作者和科普作家进行合作。如《基因的故事》一书即由中科院生物物理所陈润院士与科普作家刘夙、尹传红共同创作。通过复合型作家的培养或者文理不同学科背景作者的合作，打破学科界限，实现自然科学、人文科学、社会科学和生命科学等学科的融合，创作出既传递自然知识，又传播人文情怀，践行社会责任的高质量科普类读物。

(3) 培养作者的精品原创意识和先进文化传播的使命意识。童书出版关系着儿童的未来发展，关系着文化自信和民族未来。与其他社会文化机构一样，童书出版同样承担着立德树人的重要使命，承担着“以文化人，以文育人”的教育使命。因此，童书内容中所蕴含的社会角色、道德价值以及其他文化内容必须符合主流的价值标准。首先，作者要具有深厚的学科和人文素养，坚持精品原创，不唯钱，不唯利。尹建莉的《好妈妈胜过好老师》出版后引起巨大的市场轰动，原因即在于这本书选取的视角独特，选取的题材是一个个翔实的案例，可操作性强。该书的出版从某种意义上来说是对现代家庭教育研究的补充。其次，优秀的作者要具备使命和担当意识，创作过程中拒绝庸俗、低俗和媚俗的心态。儿童类读物属于启蒙读物，作家在创作过程中要严肃、认真，不能漠视儿童作为读者和受教育者的双重身份。创作时不能一味迎合儿童的阅读喜好，往浅薄、单纯逗乐的趋势发展。2020 年 11 月 10 日，“哈利·波特”系列引进中国 20 周年之际，由人民文学出版社引进的 J. K. 罗琳新作《伊卡狛格》京沪深三地同步首发，著名的儿童文学作家梅子涵在首发仪式上致辞时说道：“给孩子读的文学，要能够引导着人类往健康的、光亮的、宽广的未来走去。”[①]同时，童书作者进行创作时要有敬畏生命、敬畏自然的意识，对于现实生活发生中的事件不能不加选择地作为素材纳入创作题材，要有禁忌意识，不得含有诱发未成年人模仿违反社会公德的行为和违法犯罪的行为的内容，不得含有恐怖、残酷等妨害未成年人身心健康的内容。优秀的作者要有先进文化传播的使命和担当意识，以光明、希望、力量、信心等作为创作的底色，让儿童通过阅读促进身心的健康成长。

① 刘颖颖，韦衍行. J. K. 罗琳新作《伊卡狛格》京沪深三地同步首发[EB/OL]. [2020-11-11]. http:culture. people. com. cn/BIG5/nl/2020/1111/C1013-31927506.

3. 培养高素质的编辑队伍

全媒体时代，图书的创作、出版、传播环境的变化对编辑的专业素养提出要高、更新的要求。一名优秀的编辑首先应是复合型人才，具备较强的文字处理能力，与作者进行沟通的能力，对所从事的学科领域前沿和热点的追踪能力。其次，随着媒体融合发展迈向纵深，编辑需要具备全面的媒体把控能力和融合思维，要有互联网思维，要能将互联网新技术融入出版业，产品设计方面要注重挖掘读者对出版融合产品的多元化和个性化需求。再次，要有担当精神。一个成功的编辑不但要考虑商业化的平衡与收益，更要兼顾读者利益，保证书籍质量。最后，编辑还要具备全程的营销思维。

4. 加强数字出版技术及内容的研发

出版行业要加强数字出版技术及内容的研究，一方面，加速出版智能化程度，出版流程中的编辑、翻译、校对、印刷等工作，都可以由相应的数字系统进行辅助；运用语音识别等技术为读者提供个性化的阅读体验；利用大数据技术加强出版领域的数据共享和版权保护工作，构建全国统一平台上的出版数据管理系统，建立区块链版权保护方案，开发音视频、文字、图片等网络侵权智能检测系统。

出版业应把握时代发展机遇，科学应对，充分发挥我国出版市场潜力大、读者基数大、出版资源丰富等特点，加强数字出版的基础设施建设，加强技术基础和技术平台构建，为数字出版创造有利的在线、远程、高效的基础条件。此外，新闻出版部门、各级各类研究机构或团体应加强数字出版政策研究，特别是数字出版法律法规政策体系研究，制定科学可行的数字出版标准，加强数字版权保护法规体系建设，进一步挖掘数字出版发展潜力，切实促进出版业转型升级。

在国家层面上加强数字出版技术及内容研发。鼓励数字出版商、内容提供商创作生产优质、适宜的儿童数字读物。数字产品设计符合儿童的身心和思维特点，寓教育性与娱乐性、艺术性与科学性于一体。国家应从政策层面加强对有声阅读行业的引导支持，规范有声阅读行业管理制度。首先，加强有声阅读内容建设，精选、优选代表先进文化和优秀文化的资源进行有声化；其次，吸引专业主持人和配音演员等专业播音人员加入有声阅读的录播行列，为创作精品有声读物提供保障；再次，制定并完善关于有声读物出版、发布、质量等方面的行业标准，让有声读物的出版、传播更加规范；最后，通过专项补助、专项扶持、税收减免等政策保障有声读物出版、传播的资金，推动我国有声阅读行业向精品化方向发展。

通过专项资金扶持制度，积极推进数字阅读服务的免费提供，促进教育公平。在数字阅读资源建设方面，应按照纸质资源的分级概念和标准建立儿童数字阅读分级制度。作为数字资源的创作和出版方，要有强烈的责任感和行业担当意识，将致力于为儿童提供健康、有益的数字阅读资源作为首要追求目标。

5. 深化出版融合

传统出版单位独自建立的技术平台因规模有限而缺乏竞争力，对各项技术特点不能完全掌握并运用，内容整合受阻。全媒体时代读者群及其阅读需求发生剧烈变化，出版机构通过大数据进行受众分析、内容分析等，需要构建全媒体传播布局，通过新媒体技术的融合运用，对出版内容进行多渠道、多样化、一体化传播。传统出版与新媒体出版通过在出版内容、技术层面、经营与管理、营销等多领域的融合，加速实现出版融合，实现生产、出版、传播、营销等整个流程的共建共享。目前较为成熟的出版融合产品主要集中在幼儿绘本、教育教辅、科普读物等部分场景中，其他场景下的出版融合产品普遍呈现形式单一、内容匮乏、交互性差、体验感弱等缺陷，与丰富的线下场景难以匹配。2020 年 7 月，中共中央办公厅、国务院办公厅印发了《关于加快推进媒体深度融合发展的意见》，为加快媒体融合发展指明了方向。

出版机构通过开通微博、微信公众号，与文化类电视节目挂钩，及时关注、捕捉电视、网络等媒介传播形成的阅读热点，积极策划相关活动。浙江文艺出版社微信平台在《朗读者》节目播出后两天，以“朗读者/濮存昕遇见老舍”为题，宣传推广《可喜的寂寞——老舍的散文》；2017 年 2 月 22～24 日，该社组织“走进朗读亭”赠书活动；3 月 10 日，该社联合浙江省新华书店、杭州移动电视频道开展“致敬名家　朗读经典”朗读比赛。从首播到节目结束，《可喜的寂寞——老舍的散文》一书在当当网的销量排名一直保持在 100 名左右。大部分人在评论区留言因为《朗读者》的推荐而购买此书，有人留言：“对老舍的印象一直停留在中学的语文课本里，多看一点他的文章，他就变得立体了。”《朗读者》节目中情理交融的访谈与朗读所产生的代入感激发了观众内心深处的生命体验，勾起人们对快节奏、碎片化状态下回归生命本然状态的渴望，这不仅是时代的需求，更是生命的需求。

出版单位纷纷开发新媒体平台，与 QQ、微信、微博、抖音、快手等平台建立合作关系，提供跨平台分享服务，提高平台帐号的知名度，增强互动。《读者》杂志微信公众号收听总量超过 6 亿。

构建出版融合大数据应用场景，利用更多样的数据分析处理功能，将以数据应用为核心的信息技术进行交叉融合，加速推动出版发行数据体系建设。2016 年 6 月 2 日，京东商城图书音像业务部对自身运营数据进行挖掘，深度分析后首次推出京东图书音像阅读指数。趋势型指数，该指数“综合了读者消费行为、销售册数、销售金额以及品牌出版商的多项运营指标，可以有效、客观地反映读者的阅读趋势、行业淡旺季和各家品牌出版商及零售书店运营的综合情况。”①

新技术的变革必然带来新的阅读发展趋势，有声阅读、数字阅读、AR/VR 阅读都是新技术变革的产物。出版部门可以充分利用大数据挖掘和用户画像等技术对用户的阅读习惯、阅读喜好、购买行为等信息进行捕捉，经过大数据运算与分析获知用户的购买和阅读偏好，实现精准化图书推送，同时注重收集用户阅读反馈，根据用户意见进行针对性整改，生产出更优质的阅读产品，提供更全面的阅读服务。无论是传统媒体还是新媒体，都应树立新思维，充分发挥新技术、新平台优势，从阅读内容与阅读形式方面寻求出版业创新的突破点，丰富出版物的内容，创新阅读场景和阅读体验，开启出版界的新纪元。

第二节　全媒体时代的传播环境

媒介作为文化知识和社会信息的传播工具，是传播、传承文化和传递信息的重要载体。一种文化能否传承并发扬光大，不仅取决于文化自身是否具有内在张力，还在于它通过何种媒介、何种媒体进行传播。记录文字的文献载体形式的每一次变化，不仅改变着人们的阅读方式，而且带来阅读倾向、阅读习惯等各方面的变化。美国学者拉斯维尔认为，“传播者－信息－媒介－接受者－效果”共同构成一个传播链，也即 5W 模式。作为知识信息和文化的承载者，媒介变革引起传播渠道的变迁对整个传播环境产生作用。

人类社会正置身于新一轮科技革命，那就是以数字化和数据流为特征的信息技术革命引发的一场阅读领域的革命，导致知识或信息传播环境面临着重大的甚至是根本性的改变。马歇尔·麦克卢汉在《理解媒介——论人的延伸》一

① 京东首次推出京东图书音像阅读指数[EB/OL].[2016-06-12]. https://www.sohu.com/a/82682439-116365.

书中论及“任何媒介(即人的任何延伸)对个人和社会的任何影响,都是由于新的尺度产生的;我们的任何一种延伸(或曰任何一种新的技术),都要在我们的事物中引进一种新的尺度。”①全媒体时代传播媒介的融合不是多种媒介的简单叠加,而是多种媒体之间的联动与相互融合。媒介传播的高度融合与智能化深刻地改变了中小学生阅读生态环境。

一、新媒介的涌现提高了阅读资源的可获得性

新媒介的涌现,阅读资源获取变得空前方便。传统的纸质图书不再成为稀缺资源,即便没有能力购买,各大公共图书馆均提供免费借阅,不少省会城市的书店与公共图书馆合作,通过交纳押金的形式可以直接从书店借阅图书。夸张一点地说,只有你不想读的书,没有你读不到的书。即便是绝版的图书,也有很多可以通过电子书进行阅读。

网络上免费的电子读物、音频资料唾手可得。通过互联网发表的网络原创文学作品,如网络小说,以其阅读的便捷性、阅读时间的碎片化、主题的大众化、交流的互动性、内容的新颖性迅速获得读者的青睐,特别是中小学生读者。中国青少年研究中心于 2017 年针对我国 6 个省市 48 所学校的中小学生阅读进行调查,结果显示:中小学生接触网络小说已经是一个普通现象。青少年网络小说的接触率为 60.3%。其中,女生网络小说接触率为 62.5%,略高于男生。接触过的网络小说的小学生和初中生分别为 54.1%和 66.6%。中小学生最喜欢的网络小说题材多为科幻类、穿越类、言情类、玄幻类。这类小说因想象力丰富、情节曲折、故事离奇而吸引广大中小学生,为数不少的学生甚至出现阅读网络小说成瘾的症状,对于处于学习阶段的中小学生来说,弊远远大于利。

被改编成电视剧的某网络小说曾经风靡一时。笔者特意借来阅读,情节复杂,想象奇诡,但其中某些场景的描写,充斥着血腥、暴力和阴暗,如某个池子里全部是人的眼睛等,读来令人作呕,而这样的小说,在初中女生中非常风靡,不少女生为书中的主人公痛哭流涕。笔者后来又在线读了几部诸如霸道总裁之类题材的网络小说,发现情节雷同,男主总是非常有钱有势,甚至可以随意打杀一个人而不受任何法律的制裁。缺乏一定法律常识的中小学生长期沉溺于这类小说,会很容易滋生漠视社会规则甚至法律法规的心理,享乐主义甚至游戏人生的思想也会乘虚而入,不但降低了阅读品位,甚至影响到人生观、世界观和价值观的建构。

① 麦克卢汉.理解媒介:论人的延伸[M].何道宽,译.南京:译林出版社,2012:51.

一些媒体平台可以对阅读内容进行广泛分享，并且针对性极强，人群定位更为精准，很大程度上改变了人们获取内容的方式，即通过分享而不是搜索去获取内容。

二、新媒介的涌现使传播途径呈现多元化

从传播所依赖的技术支持平台来看，媒介除了传统的纸质图书、报刊、杂志、声像产品等，还包括基于互联网和电信的各类平台和流媒体技术等。因此，全媒体是通过传统媒体、网络媒体和通信的全方位融合实现全面互动，进而取得媒体之间相互补充和融合的效果，受众传播面特别广泛。

全媒体时代的媒介传播整体上表现为大而全，但针对具体的受众，又可以实现超细分服务。例如，同样的信息，通过全媒体平台可以选择不同的表现形式，同时又可以根据不同类型受众的个性化需求以及文本内容呈现方式利用不同的媒介进行传播。图书报刊出版单位、电视台、广播电台、互联网信息服务提供者可以通过开辟专栏刊登书评、书目信息等方式推介优秀读物，扩大优秀出版物的宣传广度和力度，从而提高普通大众获取阅读资源的精准度。各级政府宣传部门、新闻出版机构、广电部门、教育部门等行政部门或单位应当通过行政手段或借助行政力量定期向社会或特定读者群体推荐优秀出版物，为各级各类学校图书馆、公共图书馆、社区图书馆、城市阅读书房等文化机构或部门资源采购提供专业指导。各级人民政府应当通过各种政策、措施支持实体书店、书报亭等发行单位网点的建设与运营，发挥他们在全民阅读工作中的传播网点作用。

以婴幼儿为阅读对象的《婴儿画报》《幼儿画报》，既有纸质出版物，又有光盘及磁盘，可以由父母或监护人为孩子们阅读，也可以通过电视、平板或电脑播放给孩子们看，还可以通过音频和视频展示更为直观的动态信息；同时，读者还可以在线观看或收听，参与互动性的在线虚拟小游戏等。

对于中小学生来说，听书成为目前颇为流行的一种阅读方式。听书本身并不是一件新鲜的事物，从最早的茶馆里的说书人，到无线广播问世以后通过收音机、广播电台进行听书，是大众文化的一种传播方式。全媒体时代，智能手机的普及，为中小学生听书提供了更为便利的条件。在家庭、工作、学习场所以外利用碎片化时间进行纸质阅读会受到周边环境的干扰，而有声书听读即便在无比嘈杂的菜市场，只要戴上耳机，就能随时随地进入书的世界。

听书的媒介日益多元，出版部门专门生产制作有声出版物，以适应移动互联网时代碎片化生活节奏的需要。有声书的兴起，让现代人在快节奏的都市生

活里找到灵魂的栖息地，让出行、吃饭、等候等无聊的碎片化时间变得有声有色，形成新的听读体验，这也是传统书籍和电子书无法比拟的优势。对于中小学生来说，由于其视力尚处于发育阶段，听书解放了他们的眼睛，同时，还可培养他们的形象思维和空间想象力。

由中国新闻出版研究院组织实施的第十八次全国国民阅读调查显示："2020 年全国 0～17 周岁未成年人的听书率为 32.5%，其中 0～8 周岁儿童的听书率为 33.5%，9～13 周岁少年儿童的听书率为 31.1%，14～17 周岁青少年的听书率为 32.3%。"听书介质包括移动有声 App 平台、微信公众号或小程序、智能音箱、语音推送、广播、有声阅读器等。

三、新媒介的涌现丰富了读者的阅读体验

传统的纸质阅读具有严肃性和权威性，对于处于学习阶段的中小学生来说，甚至会产生沉重的负担和压力。新媒介的涌现，不但让读者的阅读体验更加丰富，也为读者的严肃型阅读提供了多样化的解读方式，由浅入深，特别是古典文学名著。如四大名著之一的《三国演义》，原作采取浅近文言的写作方式，对于中小学生来说有一定的理解难度，而且篇幅很长。《红楼梦》通行版总字数达 107.5 万字；其次是《水浒传》，约 96 万字；《西游记》约 82 万字；《三国演义》约 73 万字。作为中国古典文学的代表作，四大古典名著均被教育部列为高中生必读书目，因此，无论是提高文学修养还是出于应试的需要，阅读它们都是非常必要的。

新媒介的涌现让古典名著可以按照阶梯式的方式进行。安徽美术出版社出版的《三国演义》漫画版，小学一年级的学生就可以阅读，同时也可以利用休闲时间收听《三国演义》的评书，到二三年级能够自主阅读时，可以选择青少版进行阅读。小学六年级的暑假，为与即将开始的初中文言文学习做准备，可以阅读四大古典名著的原版。按照这样的方式，大部分古典文学著作都可以顺利阅读并理解。

新媒体的涌现引发了休闲式数字阅读或图文书阅读。这类阅读可以一定程度上可以缓解因学业或生活、工作产生的紧张和焦虑情绪。通过这类轻松、消遣型阅读，可以宣泄不良情绪，适时调节心理，从而保持身心健康的状态。

2017 年 9 月 9 日，国家图书馆视听服务中心面向社会公众正式开放。视听服务中心通过实体和数字相结合、线上线下相结合的一站式服务满足社会公众不断增长的视听服务需求。视听服务中心主要以视听服务空间和国图艺术中心为阵地，提供实体盘片和数字资源欣赏服务，开展包括讲座、展览、演出等

多种形式的公众艺术教育普及和推广活动;以视听服务中心网站为平台,提供经整合的数字视听资源和读者远程访问服务。视听服务空间内设黑胶唱片欣赏区、CD欣赏区、DVD欣赏区、在线资源欣赏区、纸本文献阅览区、主题休闲区和文献展示区,为读者提供万余册中外文视听艺术类图书、期刊的阅览以及海量数字视听资源的欣赏服务。视听服务空间面向13周岁及以上的读者开放,设有152个阅览坐席,实行365天全年开馆。

新媒介在阅读中的涌现催生了社会化阅读。“社会化阅读”最早由钟雄在其文章《社会化阅读:阅读的未来》中提出。根据钟雄的定义,社会化阅读以读者为核心,是一种通过不同读者之间、读者与文本内容之间的互动、分享与传播的全新阅读模式[①]。传统阅读模式以书为核心,而社会化阅读注重阅读主体及其通过阅读产生的社交需求。用户通过阅读生成新的内容表达或情感诉求,通过传播与分享,实现多方位的互动,阅读价值被无限扩大。社会化阅读未必一定是移动阅读,但它确实是基于社交关系这一纽带而产生的阅读新模式,注重分享与互动是其主要特征。社会化阅读与传统阅读相比,具有传统阅读无法比拟的优势,即通过大数据挖掘技术,对读者信息进行聚合,可以实现读者对个性化阅读需求内容的定制,精准传播阅读内容。读书会可视作传统阅读的一种社会化阅读形态,通过阅读分享和互动实现读者群体之间的文化认同和情感共鸣,甚至进行社会交往,这也是数字媒体社交化阅读的特质。无论是传统的读书会还是电子媒介时代的社会化阅读,从本质上看,都是阅读主体在实体或虚拟空间与他人进行知识共享与传播的过程。

全媒体阅读平台属于阅读的基础服务设施,集合了技术平台、内容共享平台、服务合作平台、交流平台的所有功能,可以支撑纸质图书、电脑、手机以及其他新媒体阅读工具的功能,将传统纸质文献、数字化内容及社交媒介、App应用等融合在一起,为用户构建类型多样、体验多元的阅读场景。如通过微信群、QQ群等社交媒体开展的群聚式阅读,利用App进行相关主题内容推送的交流式阅读,数字阅读器关于书本阅读的个人感受,用户在当当网、京东、亚马逊、淘宝等网上商城购书后的留言和评论,以及豆瓣、知乎等社区内的书评、影评交流,使阅读不仅演变成社会化行为,而且将阅读、评论、社交、分享等一系列元素集合在一起。

任何一种新媒介的诞生都是对人的感觉和感官的扩展或延伸,“媒介的融

① 钟雄.社会化阅读:阅读的未来[N].中国新闻出版报,2011-05-12(6).

合与互补将全面拓展人体的各种感官机能，从而实现真正的五感共读”[①]，即视觉、听觉、触觉、味觉、嗅觉共同参与并体味阅读的滋味。目前最新潮的阅读体验莫过于阅读隧道，上海交通大学出版社成为首家推出该项阅读服务的出版单位。在VR图书展示厅内，读者只要戴上VR眼镜，就可以让平面读物在虚拟现实空间中“动”起来，甚至与书中的人物和情境产生互动，获得穿越和身临其境的阅读感受。

四、新媒介的涌现丰富了阅读推广手段

新媒体的涌现让阅读推广手段更加多样化，通过全方位的宣传推广掀起全国范围内的阅读浪潮。阅读推广部门可以将电视、广播、报纸、期刊、海报等传统媒介与移动终端、社交媒体等数字媒介相结合，对同一种出版产品进行全方位、多渠道、立体化的宣传推广；为提高用户的黏度，出版单位、书店、图书馆等文化机构通过微信、微博、哔哩哔哩等社交平台和官网同步发布与出版、阅读推广活动相关的新闻报道、活动进程视频、推荐阅读书目章节，促进读者阅读过程中的交流互动。各单位可以联合移动图书馆平台和内容服务商在高铁、地铁、公交、飞机场、大型商场等人群密集的地方投放书目二维码，开展“扫码看书”活动；可以在“六一”儿童节、开学季联合当当网、京东、新华书店等线上、线下图书经销商开展图书打折促销活动，激励读者进行纸本阅读和深度阅读。

新媒介的涌现，使传统文化的传播突破了静止、固化的书本形式，通过先进的视觉技术和交互技术的融合运用，实现了从文本到图像的视觉、听觉、触觉大融合，让传统文化借助新媒体的运用焕发生机，吸引更多的人，特别是中小学生感受传统文化的魅力，进而爱上传统文化。

《朗读者》面世一个月后，人民文学出版社推出的《朗读者》系列图书销量即突破60万册。无论《朗读者》电视节目影响力有多大，在它被加工成一本书后，它的文学性、文学品质都要经得住读者的检验，这也是它最大、最恒久的附加值[②]。《朗读者》节目音频被上传到喜马拉雅，以4.25亿的高播放量成为喜马拉雅收听量最高的电视节目，成功地引导了广播受众的需求。

电视传媒作为传播媒介的一种，引领着大众文化的传播，同样具有传播民族文化、倡导先进思想的责任与义务。《中国诗词大会》第三季在实现口碑与收视率双突破的情况下，该节目的融媒体团队以“我的诗意人生”为主题先后制作

---

① 于准.“四全媒体”环境下图书馆阅读服务的“四维度”创新[J].图书馆研究与工作，2021(1):46-51.

② 付如初.《朗读者》如何从电视走向书籍[N].解放日报，2017-11-11(8).

微视频 40 条、节目海报 12 张，撰写文章 12 篇。原创文章《每个平凡的生命，都可以散发不平凡的光芒》通过央视网微博、微信账号公开发布后，被全国上百家主流媒体的官方微博以及各级各类商业媒体转发，总阅读量超过 1000 万，获得裂变式传播效果。

传统纸质传媒纷纷开辟新媒体平台，媒介的作用被前所未有地突出和强调，一切以用户的需求和喜好为指引，新闻娱乐化、故事化成为新媒体内容的标签。5G 时代，微博、微信、哔哩哔哩、抖音等自媒体平台大量涌现。每个人都可以开设自媒体，人人都可以成为各类信息发布、传播的平台，自我传播、人际传播、组织传播及大众传播由此实现了功能的叠加。与此同时，网络传播的独有特性，使得网络文化监管制度暂时难以健全，监管的困难使得低质、劣质甚至低俗文化产品在文化市场并不鲜见，侵占并损耗了优质文化的存在空间和读者的时间成本。

五、新媒介的涌现重塑了阅读生态伦理环境

新的媒介环境催生新的信息传递和接受关系，同时催生了新的阅读需求。新媒介的兴起使人类社会重新部落化，形成超越时空联系的群体或社区。从阅读的角度而言，新媒介催生了读者的互动性需求。这种需求体现在两个方面：一是读者在阅读的同时希望同其他读者、媒介平台甚至作者交流互动、分享感悟，如当当网的购书点评、豆瓣的读书社区；二是深度参与阅读活动，如阅读评论、读书交流、意见反馈、阅读接力、阅读竞赛，甚至作品续写、作品创作、IP 改编等。读者的专属性需求则体现在读者对于阅读的内容定制、智能推送、个性化服务等方面有着更高要求。

新媒介对传播外部环境的重塑主要体现在阅读生态伦理环境的变化，特别是网络阅读评论区。传统传播按照“传者—读物/媒介—读者”的流程进行单向流转，各传播要素之间一般是单向的线性传播关系，新媒体传播链呈现双向或者多向的环形特征。广大读者通过网络阅读评论区选择读物，或参考购买者的留言，如京东、当当网、亚马逊等网上图书商城，或豆瓣、知乎等关于某本图书的评论，或淘票票等网站的影评。此外，还有各公共图书馆、高校图书馆、少儿图书馆等网站利用大数据挖掘技术生成的借阅排行榜，各大出版社推出的年度排行榜。作品信息通过上述各类途径迅速得到传播，节省了读者的选择成本。与此同时，由于网络监管难度大、监管机制尚不健全，作品具有商品化特征以及评论人往往采取匿名评论的方式，很容易出现行为失范的现象。网络阅读评论区容易成为道德滑坡、伦理失守的重灾区。良莠不齐的新媒体平台在发布信息时

追求流量和热点，标题党更是“语不惊人死不休”，热衷于转发各类真真假假的娱乐八卦，漠视他人的隐私，视知识产权如无物，“网络喷子”甚至在评论区肆意发泄个人对社会的不满，对网络阅读环境造成污染。

新媒介改变了阅读接受主体，即阅读者个体的阅读行为。这种改变首先体现在读者阅读喜好的改变，由单一的传统阅读向数字阅读、碎片化阅读转变，浏览式阅读代替了熟读深思。这种阅读方式虽然提高了大众略读、浏览和快速获取信息的能力，但难以引起持续的深度思考，不利于知识和智慧的积累。美国著名的儿童心理学家玛丽安娜·沃尔夫在《普鲁斯特与乌贼》一书中从心理学、语言学、考古学、教育学、历史学以及神经科学等学科领域阐述了阅读隐含的神经学原理，认为人的阅读大脑具有可塑性。新媒体的涌现导致处于传播链条各要素之间关系和角色发生改变。

全媒体时代，人人皆媒介，各传播要素同时扮演多重角色。传播者既可以是生产者，也可以是接受者。传播门槛的降低，导致传播者越来越具有大众化、草根化特征。这种转变一方面加速了知识和信息的流动与扩散，对普及公众文化知识具有非常大的作用。另一方面消解了传播的权威性、严肃性、规范性和完整性，低俗、恶俗文化也会乘虚而入。

新媒体在传播方式上以视频代替书籍，以图片代替文字，以最大限度满足读者阅读时间碎片化、阅读状态轻松化、阅读目的功利化的需求。从传播策略来说，这种转化有其时代的必然性，但过度迎合读者的需求，将不利于公民阅读素养的提高，甚至让普通大众对传统文化的认知碎片化。

传统的纸质阅读一统天下变成目前纸质阅读和数字阅读各领风骚，阅读习惯也由传统的完整阅读演变为碎片化阅读与完整阅读并存，且碎片化阅读特质越来越明显。这就是全媒体时代传播环境的改变对阅读生态环境造成的影响。

第三章　家庭阅读生态环境的构建

家庭教育指父母或监护人在家庭中对中小学生施行有目的、有计划、有系统的影响，使其成为一定社会所需要的人才的训练和感化的教育过程。中国自古就是一个重视家庭教育的国家。《大学》开篇即云："古之欲明明德于天下者，先治其国。欲治其国者，先齐其家。"[①]将家庭作为国家治理的基础，从而将"修身、齐家、治国、平天下"作为中国人理想的人生路径。

大约300年前，19世纪瑞士著名的民主主义教育家裴斯泰洛齐说："为克服家庭局限性的消极后果，人们建立学校。但是，人们决不能因此而期望，学校包括了对人教育的全部内容；也决不能因此而期望，学校能替代父母、客厅和家庭生活的地位，能为心灵、精神和职业教育做必须做的一切。"随着学科和专业分工的日益精细，现代家庭教育不可能囊括所有学科教育，但阅读能力作为奠定一个人一生学习能力的基础，通过家庭教育仍然可以得到最有效的训练，并对中小学生接受学校教育、社会教育形成有力的补充。国家全民阅读形象代言人、新教育实验发起人、新阅读研究所创办人朱永新认为阅读和家庭是整个教育最重要的基石，阅读的种子是在家庭播下的。

2015年诺贝尔生理学或医学奖授予中国女科学家屠呦呦，以表彰她在发现青蒿素及显著降低疟疾患者死亡率方面所做出的突出贡献。屠呦呦没有博士学位，没有留洋经历，之所以摘得诺贝尔奖，与她自幼饱读诗书不能说没有关系。受父亲影响，屠呦呦从小就喜欢翻看医书，如《本草纲目》《伤寒杂病论》《黄帝内经》《神农本草经》《千金方》《四部医典》等。屠呦呦的研究方向是中医学，但她在中医研究所工作期间参加过为期两年半的西医脱产学习。这种宽广的跨学科知识结构，启发屠呦呦把现代科学方法运用到传统中医学，最终实现了研究的突破。由此可见，童年时代不经意的阅读不仅激发了屠呦呦对中医学研究的兴趣，而且为她成年后选择中医学研究作为自己毕生奋斗的目标起了决定性的作用，广泛的医学书籍阅读最终指引她在科学研究方面取得了非凡的成

① 大学[M]//十三经注疏．北京：中华书局，1957：2514.

就。对于屠呦呦来说，家庭藏书引导其进行阅读并对其阅读喜好产生深刻的影响，使她成为一位医学家而不是文学家。这是因为人的行为在很大程度上受环境的制约和引导。国内同类家庭阅读实践报告和研究同样证明了上述观点。

由中国新闻出版研究院组织实施的第十八次全国国民阅读调查显示："2020 年我国 0～8 周岁儿童家庭中，平时有陪孩子读书习惯的家庭占 71.7％，较 2019 年的 70.0％增加了 1.7 个百分点。在这些家庭中，家长平均每天花 25.81 分钟陪孩子读书，较 2019 年的 24.98 分钟增加了 0.83 分钟。"上述调查数据表明，随着我国国民文化素质的整体提升，以及国家对公共文化建设事业经费的投入持续增加，我国成年国民对全民阅读品牌活动的知晓率 2020 年度达到 72.7％，参与度达到 65.2％。其中，"机关企业/校园读书活动"的知晓率和参与度位居第一，选择参与该项活动的人数比例近三成；"本地读书会"位居其次，"本地城市读书节""书展书市""城市读书大讲堂"的知晓率和参与度也相对较高，七成以上的国民对其参加过的阅读活动表示满意。上述调查数据表明家长对子女的家庭教育越来越重视，特别是重视对孩子阅读能力和阅读习惯的培养。

作为中小学生阅读能力和阅读习惯培养的第一场所，家庭阅读生态环境的建设极为重要。中小学生家庭阅读生态环境包括家庭为中小学生提供的用于开展阅读活动的物质环境和人文环境两部分。物质环境包括家庭经济状况、阅读环境布置、阅读资源可获得性等；人文环境包括家长的文化水平、阅读行为、阅读经验、家庭的阅读氛围等。本章主要从家庭藏书建设、家庭阅读氛围的培育、阅读能力的家庭培养、家庭阅读的优先原则等方面对家庭阅读生态环境进行论述。

第一节　家庭藏书建设

不少阅读学研究方面的专家学者或阅读推广机构通过对影响青少年阅读表现的因素分析得出结论：早期家庭阅读活动、父母阅读态度和家庭藏书量是影响儿童阅读素养的主要因素，其中藏书量是最为主要的影响因素。如果家庭藏书丰富，则孩子的阅读需求能够得到更大程度的满足，阅读时间和频率就会提高，长久坚持的结果是阅读素养的提升。美国《儿童与家庭阅读报告》(《The Kids & Family Reading Report》)提出，"儿童在逐渐获得独立阅读能力的过程中，父母要为儿童提供一个良好的阅读环境，家中要有适合儿童各个发展阶段所需的丰富阅读材料”[①]。阿根廷诗人、小说家豪尔赫·路易斯·博尔赫斯曾经不无深情地回忆道：“我从藏书中——我父亲的藏书——受到的教育比从学校里受到的多；不管时间和地点如何变化无常，我认为我从那些钟爱的书卷里得益匪浅。”[②]

出版业的极大繁荣，童书和青少年阅读书籍极大丰富，对于阅读能力尚处于学习和发展阶段的未成年人来说，对于自己该读什么样的书是迷茫的，特别是小学阶段。大部分学生，特别是小学低年级阶段的学生，一般都是身边有什么读什么，或者同伴读什么便跟着读什么。笔者曾经应邀到合肥市安居苑小学做关于阅读的报告。在提问阶段，家长询问最多的是关于“如何为孩子选择书籍”的问题。家长基本认同阅读有助于语文学习，但对于阅读对其他学科的启蒙作用认识不足，导致选择读物的范围比较狭窄，认知比较单一，对培养未成年人的阅读习惯感到无措，对未成年人阅读书目的挑选普遍感到困惑，家长最感兴趣的是笔者带去的推荐书目。因此，对于家庭藏书建设来说，面临的最大问题是如何选择适合儿童阅读的书籍。笔者认为中小学生的家庭藏书可以按照以下原则进行：

一、人文社科和自然科学作品兼顾

对儿童阅读存在偏见的家长一直不乏其人，有些人甚至持有极端错误的儿童阅读观。一部分家长，特别是自身文化水平不高的家长，将教材、教辅资料以外的阅读一律归入“读闲书”，认为这类阅读耽误孩子学习时间，影响学习成绩，所以严格禁止。随着全民阅读被列入国家战略规划，以及阅读活动轰轰烈烈的开展，持有上述观点家长越来越少。越来越多的家长支持孩子进行阅读，但对于读什么、如何读仍然感到困惑，大部分家长会选择文学类书籍。而多于选择科学类书籍。文学书籍的大量阅读确实是培养孩子阅读能力必不可少的阶段。家庭藏书首先购置的就是文学类书籍，包括童话、寓言、神话故事、儿童小说或者其他类型的文学作品。作为综合一切人文科学的文学，融合了情感教育、审美教育、伦理教育、心理学教育，以及想象力、形象思维、逻辑思维、批判思维能力的培养。

童话故事是一种价值观的导向，是一种光明的启发。通过童话故事的阅

---

① 陆晓曦．试析美国低幼儿童的阅读教育体系[J]．图书馆，2019(11)：97.

② 博尔赫斯．另一个，同一个[M]．杭州：浙江文艺出版社，2008.

读，中小学生了解何谓勇敢、善良、诚实，这种导向可以照亮一个人的心灵世界。儿童文学的作用和童话类似。儿童文学带给儿童的是一个瑰丽的奇幻世界，可以培养儿童的想象力，对于儿童的心理建设尤其重要。儿童文学有着温暖、滋润人生的作用，可以让一个人不至于那么乏味，不至于那么枯燥和无趣。它甚至可以增加一个人的人生韧性，在他（她）陷入情绪低谷的时候，童话和儿童文学构筑的人生底色可以让一个人不至于太脆弱。

中小学生通过对历史书籍的阅读，不但可以获得历史知识，还可以通过与现实的对照，增进对现实的了解和认识，正所谓“读史可以明智，知古方能鉴今”。如果以后从事社会科学或历史研究，那么中小学阶段集中、大量的专题阅读绝对是关键中的关键。《明朝那些事儿》的作者当年明月（原名石悦）初中前把《上下五千年》读了 12 遍。历史读物中名人传记尤其值得阅读，因为名人传记对于中小学生来说具有榜样的激励作用。中小学生可以通过阅读某位历史人物的事迹而得到启发，从历史人物的经历中获得激励，从而引导其一生的成长。

各种科普读物，属于“知”的范畴，如《十万个为什么》《昆虫记》等。这类图书目前市场上非常多，在中小学生读物中占据相当大的比例，在男生中间尤其受欢迎。这类书的作用主要是启发儿童的探究思维，激发儿童对大自然的好奇心，让儿童学会思考。

经典思想读物，属于“识”的范畴。纯粹的“识”一类的书并不多，大部分思想读物也是文学性极强的文学著作，如《论语》《三字经》等。现代的如鲁迅先生的部分作品，字里行间都闪耀着智慧的光芒。因为阅读这类书需要一定的思考和抽象思维能力。家长可以启发儿童在读完后进行思考，形成自己的见解，这一点非常重要。思想读物内容深浅不一，如果书中阐述的思想或哲学超越中小学生生活体验太多，那么就不适合他们阅读，如果强行阅读可能会给他们的思想造成混乱。笔者的儿子在高一上学期曾尝试阅读康德的《纯粹理性批判》和《实践理性批判》，时间持续两个多月，自己意识到思维出现混乱，及时停止阅读。这其实是一件比较危险的事情。

对于浩瀚无垠的宇宙来说，作为个体的人渺若星辰，每个人身处天地之间所感、所知、所得都是非常浅显和局限的。从小养尊处优的孩子看不到生活的疾苦，而从小吃苦的孩子无法摆脱求生存的思维模式，但他们迟早会跟不同背景、阶层、价值观的人进行交往。通过大量、丰富题材图书的阅读，不仅可以培育中小学生跨文化的同理心，更能让他们从他人的真实经历中，认识到世界上有许多和自己不一样的人，拓宽他们的视野。

作为家长，应当鼓励孩子阅读各种类型的书籍，包括历史、地理、天文、生物等，获取各种各样知识，建构完善、多维、立体的知识图谱。记忆中关于某个话题的信息越多，储备的背景知识越丰富，阅读时对文本内容的理解与推断能力就越强，在认知或情感上越容易与作者或作品产生共鸣或同理心。从阅读能力培养的视角来看，这不仅是知识积累，也是阅读体系的构建。

1995 年 7 月 18 日，著名的华裔物理学家、诺贝尔奖获得者杨振宁先生给上海交通大学学生作演讲时，谈自己的学习经历时提到：

> 当时有一件事对我很重要，我父亲是教数学的，他发现我在数学方面有一些天赋。1934 年夏天，父亲决定请一位老师来给我补习，但不是来补习我的数学，而是给我讲解《孟子》。第二年又念了半个夏天，我可以把《孟子》这本书从头到尾地背诵出来了。现在想起来，这是我父亲做的一件非常重要的事情。一个父亲发现自己的孩子在某一方面有才能时，最容易发生的事情，是极力把孩子朝这个方面推。但当时我父亲没有这样做，他却要我补习《孟子》，使我学到了许多知识，是教科书上没有的，这对我有很大的意义①。

二、适量订阅报刊

有条件的家庭应订阅一些报刊，如《婴儿画报》《幼儿画报》比较适合家长念给孩子听，因为这两种画报的内容非常契合婴幼儿的生活情境，如卫生安全知识的普及，日常礼仪的传授等。最值得称道的是，这两种画报都配送光盘，家长既可以读给孩子听，也可以带着孩子观看视频。小学阶段可以订阅《小哥白尼军事科学》《我们爱科学》《兵器知识》《博物》《少年文艺》《读者》《意林》《琴童》等杂志。《小哥白尼军事科学》《我们爱科学》《兵器知识》《博物》四种杂志的内容偏重自然科学和理工科等方面知识的介绍，有助于培养儿童对于自然科学的兴趣和探索精神。《少年文艺》《读者》《意林》三种则侧重于培养儿童的语言鉴赏和文学欣赏能力，为他们今后顺利实现书面表达的自由奠定良好的基础。《琴童》是非常适合琴童，包括家有琴童的家长或教授钢琴、小提琴等乐器的老师阅读的通俗性读物。该刊不仅刊登学习钢琴、小提琴的方法与技巧，每期还会连载一些中外古今音乐家的传记，不定期刊登有关音乐史、某种乐器发展史方面的内容。初中、高中阶段可以订阅《中国国家地理》《博物》《散文》《读者》《青年

① 杨振东，杨存泉. 杨振宁谈读书与治学[M]. 广州：暨南大学出版社，1998：4.

博览》等杂志。下面摘录儿子七年级时关于读书话题的作文片段：

> 记得很小的时候，我天天就乐颠颠地站在窗口，等着邮政送报的叔叔。每当他们送来一大册《幼儿画报》，我便会奔回房间，不顾妈妈的叫喊，靠在床上津津有味地“读着”看不懂的字，其实是在关注图画。
>
> 当我步入小学时代，也逐渐学会了拼音。每天读着“弟子规，圣人训……”虽然不是特别明白，但是看着一些插图和拼音，明白了尊老爱幼，也懂得了爱憎分明，不可作恶。

寥寥数行，弥漫着小主人公对阅读的期待和热情，略显稚嫩的笔触描绘了阅读对自己的心理建设过程，这种体验成为小主人公记忆深处最美好的记忆。

三、阅读经典文学作品尽量选择原著

经典作品蕴含着一个国家的精神内核，这里主要指文史哲类图书，是超越历史时空的。中小学生在阅读时，往往容易受同伴影响，盲目追随畅销书或流行读物，只关注故事的情节和趣味性，仅注重故事本身带来的浅层刺激和感官享受，比如对一些网络文学、校园小说的阅读。而有效的阅读，更多的在于对儿童思维的启发、心灵的触动，启发他们更细致地观察生活，就各种现象进行深层次的思考，逐步建立起属于自己的审美观和价值观。

名著的魅力不仅在于故事情节，还在于其蕴含的深刻的人生哲理。经过时间洗礼的经典名著文字一般都非常洗练，历史场景描写波澜壮阔，细节或景物描写细致入微，抒情色彩深厚，字里行间更是洋溢着节奏的韵律。沈从文称自己笔下创造的湘西世界为“情绪的体操”，就是一种非常形象的比喻。中小学生通过反复阅读，将体会到汉字的优美和典雅。松居直在《幸福的种子》中提醒家长，所有由世界名著改编而成的图画书，包括迪士尼图画书都应该被剔除。因为这些书严重压缩了原著文字，不能让孩子充分了解原著所创造的迷人的文学世界。松居直的观点尽管有失偏颇，但也有值得肯定的部分。因为图画书的意义在于帮助儿童初步了解原著，经过引导，最终仍要回归原著，才能提升自己的阅读能力。

自从传统文化被列入中高考考试范围，为让学生快速掌握列入考试范围书目的故事情节、人物形象等，有些家长或老师功利地向学生推荐阅读中外名著的青少版以便应付考试。由于成本低廉，很多出版社都推出名著的缩写本和改编本，改编和缩写者的身份五花八门，有的是挂着名家的名字但名家并没有做具体的事情。有些出版社甚至聘请在读的硕士或博士生操刀改编古今中外进入公共版权领域的作品，只要改动的字数超出一定比例，就不算抄袭，于是将“美丽”改成“漂亮”，“喜欢”改成“高兴”，不一而足。

这种做法无疑是非常短视的。一来败坏了中小学生的阅读口味，认为名著不过尔尔，体会不到汉语言文字的丰富和典雅，更不会通过作品去了解那个时代的风土人情，以及作品所揭示的深刻哲理或者说人生感悟。一位朋友在孩子初一时告诉我，她的孩子已经读完所有的名著，现在已无书可读。细问之下，才知道所谓的名著，全部是应付考试用的缩写本小册子而已。更可悲的是，这些小册子竟然是老师推荐的。

中国四大古典名著等经典文学作品应作为家庭基础藏书。当孩子具备阅读能力时，应直接阅读原著，并且要反复阅读原著，才能体会到汉字和中国传统文化的无穷魅力，为他们日后准确、优雅地使用汉语言文字，了解、传承中国传统文化打下坚实的基础，增强文化自信。

四、家庭藏书选择标准

(1) 根据作者、译者选择家庭藏书，如现当代著名的中外作家和翻译家的作品。

(2) 根据出版物的获奖情况选择藏书，如国际安徒生奖、美国凯迪克奖、纽伯瑞图书奖、冰心儿童文学奖、茅盾文学奖、文津图书奖等。

(3) 根据出版社选择图书，人民文学出版社在经典著作出版方面一直是业内的标杆。国外经典名著不仅要选择出版社，还要选择译者。同一部作品，译者有很多，如《小王子》《假如给我三天光明》等经典作品，选择时可以参考读者的意见。各大出版社每年年初都会推出上年度的图书销售榜单，也可以成为图书选择的参考指标。

(4) 根据各级各类图书馆推出的推荐书目、年度借阅排行榜进行选择，如国家图书馆、国家少年儿童图书馆、各省/市/自治区图书馆或少年儿童图书馆均会推出专题推荐、新书推荐、季度或年度借阅排行榜。国家新闻出版署每年也会针对全民阅读活动发布相关推荐书目。目前投入运营的全民阅读指导网站既有国家新闻出版署主办的中国全民阅读网(http://www.cnreading.org)，深圳读书月组委会办公室主办、书城电子出版物有限公司承办的深圳第一个开展全民阅读活动的新型公共服务平台深圳全民阅读网(http://www.szsky.com)，还有中文在线数字出版集团股份有限公司开发的中文在线——全民阅读网(http://www.chineseall.org)等，都会不定期推荐各类书目供广大读者参考。

(5) 新浪阅读、豆瓣阅读、当当网、京东的读者反馈或书评也可以成为家庭购买图书的参考，特别是当当网、京东、亚马逊网上图书商城均根据用户选择购买的图书自动推送同类图书，通过翻阅评论区用户的评论，为购书提供参考。2016 年 6 月 1 日，京东发布"陪伴计划"。用户第一次登陆时，需要填写大人和孩子的档案信息，以后登录时，就能看到专属于自己的推送内容。如与自己孩子年龄一致的用户购买过哪些书，浏览过哪些书，适合阅读什么图书，甚至可以看到同年龄段孩子的家长在分享什么，困惑什么，遇到哪些问题，并精准地按孩子年龄、性别提供专家咨询和知识性的内容。此外，系统还根据成人用户注册的信息，推荐与孕、产、养、育四个阶段相适合的图书。京东图书与出版社、知名媒体、作家、专家合作，在线提供与家长互动的栏目和交流的窗口，拉近作者和读者的距离，提供最适合读者阅读的内容。

一些民间阅读研究机构或组织、阅读推广机构或个人、教育工作者提供的阅读书目，如新阅读研究所推出的中小学生系列基础阅读书目，亲近母语课题组每年编制的分级阅读书目，红泥巴村读者俱乐部的专题书目推荐，清华大学附属小学编制的小学生推荐书目，等等。上述书目经过广大读者的阅读实践，读物质量均值得信赖。

由于家庭藏书空间和购书经费的限制，绘本书、图画书、漫画类书籍可以采取从图书馆借阅、书店租借的方式进行阅读，经典类的可以适当收藏，便于孩子反复阅读，如《三毛流浪记》《丁丁历险记》《父与子》《不一样的卡梅拉》《小屁孩日记》等。用于扩大孩子阅读量的图书，如校园小说系列、科普类漫画读物通过借阅的方式阅读即可，经典名著以及孩子愿意反复阅读的读物可以购买作为家庭藏书。

第二节　家庭阅读氛围的培育

阅读能力作为学习能力的一种，并不能通过遗传自动习得，必须通过长期的熏陶、训练与指导才能逐步获得，其中家庭阅读氛围对中小学生良好阅读习惯的养成具有至关重要的作用。家庭阅读氛围如何培育呢？笔者以为，可从以下方面着手。

一、构造适于阅读的空间

有条件的家庭可以为孩子准备独立的书房和单独的书架。即使因居住条件的限制做不到这一点，也应该尽可能为孩子营造一个充满书香气息的家居环境。在孩子日常活动空间，如餐桌、茶几、电视柜、床头柜，甚至地板上摆上适合孩子阅读的各类读物，保证儿童随时随地都能接触到书籍。事实证明，当书籍很容易获得，当生活环境中充满读物时，儿童的阅读行为更容易发生。笔者通过观察，发现阅读量大的孩子家长与不喜欢阅读的孩子家长相比，阅读量大的孩子家长对孩子阅读场所和姿势没有特别严格的要求，大部分都允许孩子在床上阅读，而不喜欢阅读的家长一般要求孩子阅读时必须正襟危坐。对于处在活泼好动阶段的中小学生来说，这种阅读要求会变成一种难以忍受的束缚。因此，为了激发中小学生的阅读兴趣，在他们阅读习惯培养的初期阶段，应该给予他们最大的阅读自由，包括阅读空间和阅读行为的自由。

二、坚持亲子共读

亲子共读指父母或监护人根据儿童的心理、认知发展特征和阅读能力选择合适读物，以图书为纽带，通过共读的方式，通过亲子关系的联结，训练儿童观察力、逻辑思维能力和语言表达能力的一种互动式阅读训练方式。《全民阅读促进条例》第十二条规定："未成年人的父母或者其他监护人应当开展家庭阅读、亲子阅读，发挥言传身教作用，培育良好家风，促进未成年人阅读习惯养成。"

提高中小学生注意力最有效的方法就是给中小学生选择他(她)感兴趣的读物，因为感兴趣，所以中小学生在阅读时会更加专注。亲子共读是培养中小学生阅读习惯的最有效途径之一。通过亲子共读，培养中小学生形成良好的阅读习惯所需的高度注意力和深厚的阅读兴趣。

家长在儿童阅读发展中的作用不只是简单的陪伴，同时还要对儿童阅读进行启蒙和引领。父母和孩子所具有的亲密关系，使他们不仅能够了解儿童在每个阶段的心理、认知发展特征，还能够掌握儿童在各个阶段的阅读能力水平，为孩子制订阶段性、连续性的阅读计划。一个孩子只有在学习型家庭中不失时机地获得阅读启蒙，才可能养成终身学习的良好习惯。通过亲子间的依赖与互动，让孩子通过阅读不断汲取新的知识，提高口语表达能力、书写能力、逻辑思维能力及文学鉴赏能力。

家长可以通过聆听孩子的朗读，发现其语言学习中的问题，如发音错误、连词断句不当；通过朗读时的语音、语调判断孩子对读物内容是否完全理解。朗读也是对口头表达能力的一种锻炼。阅读是知识的吸收过程，口头和书面表达能力是学以致用的过程。将吸收的知识转化为技能或自己的表达，是教育或者阅读的终极目的。朗读不但可以锻炼中小学生的口头表达能力，而且能帮助孩子树立自信心，提高概括和理解能力，最终获得系统表达的能力。

家长在进行亲子阅读时，要适当增加提问，促进儿童理解和表达能力的提高。读物内容的选择以童话故事、寓言故事、神话故事和科幻故事，包括一些精选的漫画为主，因为学习阅读阶段处于孩子想象力发展的关键时期。家长还可以引导孩子通过看图编故事或续写故事，甚至自己制作图画书，既可以提高他们的想象力、创造力，还可以锻炼他们的动手能力，丰富关于色彩、构图等美学方面的知识。父母要经常与儿童一起阅读并进行互动，引导孩子对故事情节进行预测，对父母的提问做出回应；当儿童以他们自己的方式进行阅读和写作时，哪怕错误百出，父母也应当多鼓励；父母不应限制儿童的阅读时间和地点，儿童可以在他们愿意阅读的任何时间、任何地点经常甚至反复地进行阅读或参与读写相关活动。

家长应经常带孩子去博物馆、艺术馆、美术馆等文化场所参观，帮助孩子了解古今中外历史和传统文化，提高他们的艺术修养和艺术欣赏水平。合肥逍遥津公园作为四大古典名著之一《三国演义》中“张辽威震逍遥津”的发生地，里面有张辽的塑像。家长可以在孩子阅读《三国演义》期间带领孩子去实地游玩；淮河路步行街的李鸿章故居，大量的图片展示了这位晚清重臣所经历的时代风云，如甲午战争的爆发，《马关条约》《辛丑条约》的签定背景等，通过参观，帮助孩子进一步了解近代史。为激发孩子的爱国热情，可以带领他们参观合肥的渡江战役纪念馆、泾县的新四军纪念馆，了解那段战火纷飞的岁月，更加珍惜今天来之不易的和平和幸福。安徽名人馆更是了解安徽地区历代名人的重要博物馆，让中小学生感受到江淮大地源远流长的各类文化，如桐城派文化、淮河文化、青铜文化、徽文化等。

随着全民阅读活动深入、持续开展，中小学生阅读推广活动在各地呈现如火如荼的发展态势。越来越多的公共图书馆、书店、城市阅读空间、社区文化中心、各类亲子阅读坊等机构将中小学生阅读推广活动作为一项常规工作开展，如合肥市图书馆、合肥市少儿图书馆不仅定期举办亲子阅读活动，还会定期举办儿童观影、图书交换、话剧表演、讲故事大赛等活动。这类活动一般都需要父母或有能力的监护人全程参与和配合，如亲子阅读沙龙、图书创作、亲子故事演讲等。

省级或市级公共图书馆、各大书店会不定期地举办作家见面会，如孩子们耳熟能详的儿童文学作家郑渊洁、曹文轩、伍美珍等。对于这类活动，家长应给予全力支持。中小学生通过阅读他们的作品，再见到作家本人，会进一步激发他们的阅读兴趣。2020年12月，畅销书作家闫红到合肥市五十中学西校给八年级学生讲《水浒传》和《红楼梦》。闫红因解读《红楼梦》而出名，先后出版过《误读红楼》《我认出这么多熟悉的脸：闫红读名著》。这次作家见面会现场互动频繁，同学们反响热烈，说明经典阅读具有永恒的魅力。

为人父母是需要终身学习的，成为合格乃至优秀家长的前提唯有不断学习，这其中包括对书本知识的学习，所以阅读应当成为父母的一项日常工作。只有父母热爱阅读，孩子热爱阅读的概率才会大大提高。当孩子在家庭中置身于书籍的海洋，且在阅读上父母能做到以身作责，甚至能及时地给予孩子阅读以适当的指导，孩子热爱阅读也就成了一件水到渠成的事情。

为提高亲子阅读效果，家长可以加强自身阅读指导能力的培养，建议阅读彭懿编著的《图画书：阅读与经典》、邱冠华主编的《亲子阅读》、朱光潜的《朱光潜谈读书》、吉姆·崔利斯的《朗读手册》、莫提默·J.艾德勒和查尔斯·范多伦合著的《如何阅读一本书》、艾登·钱伯斯的《打造儿童阅读环境》《说来听听：儿童、阅读与讨论》等。上述图书都是指导性、实务性、操作性较强的阅读类书籍，可以部分消除家长在阅读方法、阅读策略和书目选择等方面的困惑。

除了这种自我学习，家长应尽可能抽空参加图书馆、社区或学校组织的家庭教育课堂，如育儿沙龙、教育专家讲座等，不断学习和提高家庭教育的方法和策略，让父母的陪伴更有质量。

三、多管齐下激发中小学生阅读兴趣

从阅读主体的感官来说，阅读活动的发生主要借助于视觉，对于视力障碍者来说，他们的阅读主要通过听觉和触觉来实现，对于视力和听力双重障碍者来说，阅读只能借助于触觉，如美国著名作家、教育家、社会活动家海伦·凯勒一岁多时因病失聪、失明，在家庭教师莎莉文的帮助下利用触觉学会阅读，一生完成14本著作，其中最著名的有《假如给我三天光明》《我的人生故事》《石墙故事》等。加拿大作家阿尔维托·曼谷埃尔甚至认为阅读是对整个周边世界一切事物的所看、所听、所感和所知。

随着阅读载体的多元化，读物不仅包括纸质图书和杂志，还包括各类音频、视频、电视和电影作品、戏剧、戏曲、网络小说、动漫等。对于中小学生来说，由于听书对识字量没有要求，而且能够随时随地地进行，能让他们感受阅读的自

图 3.1　吉姆·崔利斯《朗读手册》

由和新奇，同时还有利于保护他们的视力，目前非常受年轻父母们的青睐。听书网、蜻蜓 FM、懒人听书等音频类节目都拥有大量的中小学生听众，特别是幼儿和识字量储备不足的小学低年级阶段学生。朱自清先生曾经说过："我现在所记得的书大半还是儿时背诵过的，当时虽不甚了了，现在回忆起来，不断地有新领悟，其中意味确是深长。"①

对于中小学生来说，经典图书往往比较艰深，篇幅较长，动辄几十万字，甚至上百万字，他们未必有足够的耐性阅读。经典名著一般意蕴含蓄、深远，文辞古朴、典雅，这一内容和文字上的亮点恰恰给当代中小学生造成阅读上的障碍，特别是处于学习阅读阶段的儿童很难顺畅地进行阅读，而有效的自主阅读首先需要解决的就是阅读的流畅性问题，只有阅读流畅，才能继续保持阅读兴趣，进行持续阅读，进而全面了解故事情节和人物关系，把握作品的内容和创作主旨。阅读缺乏流畅性，就有可能造成读者畏惧阅读、回避阅读的心理。为了引导中

---

① 朱光潜. 朱光潜谈读书[M]. 北京：中国青年出版社，2012：144-145.

图 3.2　莫提默·J. 艾德勒、查尔斯·范多伦《如何阅读一本书》

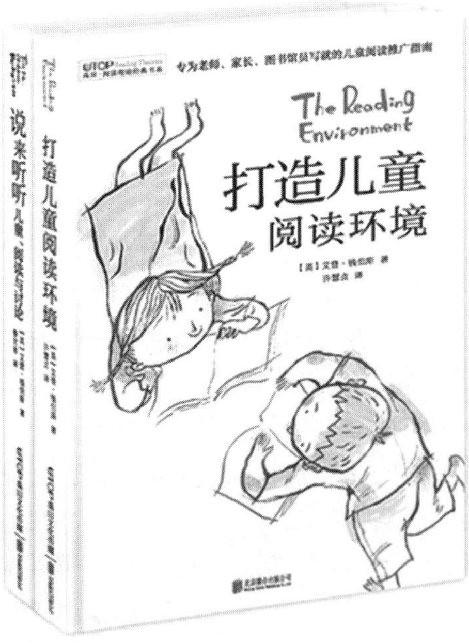

图 3.3　艾登·钱伯斯《打造儿童阅读环境》《说来听听：儿童、阅读与讨论》

小学生进行大部头图书的阅读，可以通过观看电影、欣赏戏剧等方式激发孩子的阅读欲望，进而阅读原著。

目前已经有很多中小学生喜欢的文学作品被搬上银幕或荧屏，如中国的水墨画电影《小蝌蚪找妈妈》《哪吒》《大闹天宫》《宝莲灯》等很适合小学低年级阶段学生观看。对于处于学龄期儿童来说，很多中外名著都被拍成电影或电视剧，如中国的四大古典名著都被拍成电视剧，其中影响最大、口碑最好的莫过于《西游记》，影响了一代又一代中国儿童。外国名著翻拍成电影或电视剧的也很多，根据小说《飘》改编成的电影《乱世佳人》，根据名著《汤姆叔叔的小屋》《巴黎圣母院》《傲慢与偏见》等改编成的电影，有些甚至被翻拍过多次。随着电影制作特效技术的飞速发展，深受儿童喜爱的童话或神话故事也陆续被搬上银幕，如 2019 年票房超过 50 亿元的《哪吒之魔童降世》，以及《冰雪奇缘》系列。家长可以通过带孩子看电影的方式，一步步引导他们阅读原著，最终帮助他们获得自主阅读能力。通过听书、阅读、观赏影视剧等方式，不断巩固中小学生的阅读兴趣，进而提升阅读能力和水平，最终养成终身阅读的良好习惯。

笔者的孩子上小学三年级时得到一套漫画版《三国演义》，很少的文字，主要是图画，他非常着迷，整个小学阶段，甚至初中仍然会时常翻阅。他从画里读出了很多东西，这一直让我非常奇怪。六年级暑假时，推荐他阅读人民文学出版社出版的通行版《三国演义》《水浒传》和《西游记》，他在阅读时非常享受。八年级上学期学校举办艺术节，有位同学唱了《曹操》这首歌，又勾起了他的三国情，将《三国演义》搬出来又看了一遍，美其名曰精读。当老师要求写一篇自由作文，他选择写《三国演义》的读后感。尽管结尾部分有些幼稚，但是字里行间弥漫的悲悯情怀深深地打动了我。现抄录如下：

> 三国，中国历史上的一个传奇年代。群雄四起，割据分赃，鸿门设宴，笑里藏刀，真可谓：尔虞我诈。
>
> 曹操，文武双全，有雄才大略。北击袁绍，西敌马超，中除吕布，南拒孙权。他广集天下有才之人，欲一统天下。
>
> 刘备，本是中山靖王之后，不幸沦落为卖履小儿，可后得关、张，又得孔明。赤壁灭曹，益州灭刘（刘璋），再使孔明大展宏图，兴汉室之雄威。
>
> 孙权，其实并无与曹、刘争天下之意，可无奈曹操觊觎其地，备亦如此，不得已，方起兵抗之，终为一方枭雄。
>
> 三人带着自己的人马在中原大地不停地厮杀，各自谋士出谋划策，各路将领奋战不息，而场面之宏大可谓："前无古人，后无来者。"

可真的是这样吗？当大家听着《曹操》，每个人慷慨激昂的时候，可曾想过：这真为英雄吗？

曹操兴师伐吴，起兵 83 万，被周瑜、诸葛亮一把火烧得只余数万人逃回。操不知，那时诸葛亮正与刘备等人谈笑风生，对于死这么多人一丝悔恨也没有，更可笑的是，周瑜竟然被活活气死在荆州城下。

再说当年关公父子命丧东吴，刘备带多少兵报仇？70 万！为了两个人，刘备带着 70 万人前去报仇，后来因为心急布阵不当，70 万人被陆逊烧死至少 65 万人。

诸葛亮第七次生擒孟获时，望着盘蛇谷中的焦尸，叹曰："吾虽有功于社稷，必损寿矣！"

所言甚是！三人虽都打着"救国济民"的旗号，但确信无疑的是，战争更有害于社稷，正如古人所云："一将功成万骨枯。"当我们惊异于大战的气势磅礴，可曾想过背后是视人命如草芥的事实？我曾看过《三国演义》的漫画，当我见到司马懿兵败上方谷的画面时，方才醒悟。火光冲天，魏军的惊叫，被焚烧的骷髅的惨状，以及司马父子三人齐跪于地，仰天长叹："天亡我矣！"而诸葛亮仰望苍天："今日死人如此之多，恐下地狱亦不可释。"

三国之中，没有人是英雄。何为英雄？以德治己，以德服人，这才是英雄。回望三国历史，无非相互设计，相互残杀，虽得胜，意义何在？

转视今日，两次世界大战、海湾战争，莫不如此。这是最粗鲁，也是最残暴的解决方式。《三国演义》开篇即点明："是非成败转头空。"当我们用这种方式解决问题后，有没有想过后果？有没有想过谁会于此获利？三人打了两代，最后是司马家得了天下，他们不损一兵一卒。两次世界大战死去上亿的人民，没有一方得到好处。

所以说，当今大家做事的时候，都应当怀着宽容的心，宽容别人犯下的小过错。这样，我们的世界才会更太平一些。

读物的选择要契合阅读主体的心理和认知发展水平，所以中小学生的阅读计划不能定得太死。因为每个孩子的天赋不同，对事物感兴趣的时间也不可能完全相同，所以完全没必要根据同龄儿童的阅读节奏来规划孩子的阅读内容。

第三节　阅读能力的家庭培养

随着年龄和学习阶段的提升，中小学生面临的升学压力越来越大，可供自由支配的时间越来越少。因此，对于中小学生来说，他们的黄金阅读期只有三年级至八年级这短短的五六年时间。由于个体阅读能力的差异，这个时间因人而异。自主阅读能力强的孩子在三年级即可进行大量阅读。到了八年级下学期，各学校为了备战中考，自由自主阅读时间越来越少，对于绝大部分孩子来说，甚至没有时间阅读。高中阶段就更不用说了，很多寄宿制学校是不允许学生带课外书进寝室和教室的。因此，在10～14岁四年多的时间里，如果学生掌握了高效的阅读方法，阅读了大量文学名著、名人传记、科普读物、社科类经典入门读物等书籍，将会为他们学习能力的提升、专业的选择、人生目标的确定奠定坚实的基础。本节按照阅读能力的发展进程进行阐述。

一、自主阅读能力的培养

一个人的阅读能力并不能如吃饭、喝水、睡觉一样自然具备，而是需要经过长期、科学的训练。本节以不具备识字和拼读能力的刚入学的小学一年级孩子为研究对象。一年级阶段的拼音学习大概持续两个月左右的时间，这个时间对于孩子来说，如果仅仅依靠学校的学习时间很难在规定的时间里达到认读和连读的能力水平。刚学会拼音的孩子，拼读是需要反复学习的，简单的拼读有些孩子都要学习半天，先进行拼音连读，再进行整句拼读。这个过程需要家长非常耐心。

这一阶段的读物应以短小的故事为主。书籍的选择以特别短小的拼音图画书、绘本为主。这类书籍，除了讲故事，还大量融入了心理、教育、社会、科学、文化等诸多学科的知识，对小学生的想象能力、审美能力、认知能力等都有启发。书尽量选薄一点的，最好是一本书里只有一两个故事，这样孩子很快能读完一本，内心会产生一种成就感和愉悦感，从而有利于保持持续的阅读欲望。如果家长为了省钱，给孩子买那种少图的、故事多的、很厚的书，孩子很容易丧失阅读的兴趣。与此同时，这一阶段的阅读以亲子共读，特别是听读为主，对于识字量大的孩子，可以采取孩子读给家长听的方式。从国外引进的一些优秀绘本，如《饥饿的毛毛虫》《大卫不可以》，可以培养中小学生的审美能力与观察能力，里面的情节可以指导孩子如何与人交往，如何处理日常琐事，化解生活或学习中的烦恼。这比传统的说教式教育更容易让儿童接受。

随着年龄的增长，儿童如果一直停留在简单、直观的图画阅读阶段，他们的阅读能力将很难提高。造成这种阅读结构不合理的原因，主要在于一些家长和老师受限于自己的阅读经历和知识结构，没有在关键时期对学生的阅读进行科学引导和干预，儿童在3～6岁应该读图的年龄没有读图，而到了应该进行文字阅读的小学阶段还对图画书过度痴迷，造成了对发展孩子认知能力不利的阅读习惯。因此，家长应及时引导孩子从读图过渡到读文。当孩子具有独立阅读文学类书籍时，说明他（她）已具备初步的自主阅读能力。

二、整本书阅读能力的培养

经过小学一年级上学期的带读，孩子获得独立阅读的能力，速度一般会很慢。这时家长可以辅导孩子发展自主阅读能力，读物以拼音版读物为主，内容以故事类为主。笔者的孩子第一次自主阅读的书是北京少年儿童出版社出版的注音版《钢铁是怎样炼成的》，大概一个多月时间才读完。其间数次询问我什么时候说到炼钢，我总是告诉他"快了，快了"，读到一半时，他告诉我这不是一本讲怎样炼钢的书。这本书读完后，他的自信心大增。一年级寒假期间，陆续读完了《安徒生童话》《格林童话》《伊索寓言》《一千零一夜：阿拉伯民间故事》《鲁宾孙漂流记》《海底两万里》等读物，阅读速度得到了提升。其后又阅读了中国戏剧出版社出版的《中华上下五千年：先秦时期》《中华上下五千年：秦一南北朝时期》《中华上下五千年：隋一清（鸦片战争前）》《中华上下五千年：近现代时期》等。之所以选择注音版，一方面，是为了巩固语文课堂拼音学习的效果，另一方面，对于识字量有限的孩子来说，拼音版有助于提升阅读信心。通过上述方式，孩子具备了阅读整本书的能力。

三、快速阅读能力的培养

当孩子获得自主阅读能力和整本书阅读能力后，家长应有意识训练孩子的快速阅读能力。小学三至四年级是一个人人生中第一个也是最重要的黄金阅读期。这个阶段主要是培养孩子的快速阅读能力。在训练的过程中，要通过阅读量的积累实现从量变到质变。这种大量阅读建立在孩子想阅读就阅读，不需要写读书报告，不需要摘抄精彩句子或段落，家长也不用刻意对孩子的阅读效果进行提问的基础之上。

这个阶段的读物国内的可以选择阳光姐姐伍美珍、郑渊洁的作品，图书内容贴近学生的生活、学习场景，故事的主角是同龄人，容易引起他们的共鸣。这类图书故事情节性比较强，此外，语言表达与现代学习和生活用语贴近，词汇量相对简单且大量重复，可以让阅读者保持浓厚的兴趣。此外，人民文学出版社出版的英国 J. K. 罗琳创作的“生动幽默、感人至深”且“具有迷人幻想”的《哈利·波特》系列，上海人民出版社出版的英国作家、诗人约翰·罗纳德·瑞尔·托尔金(笔名 J. R. R 托尔金)著的《魔戒》对渴望传奇、冒险的中小学生具有强大的吸引力。上述读物都是系列图书，三年级开始阅读，基本到四年级时能全部读完。至此，孩子的快速阅读能力基本建立。

在自主阅读向快速阅读过渡过程中，中小学生的阅读品位往往容易趋向固化。一般来讲，女生比较热衷于文学类读物，男生则喜欢冒险、军事类等读物。家长在为孩子选书时，可以从孩子感兴趣的书籍入手，选择这一类型中的优质图书。同时为了搭建相对完备系统的知识架构，涉猎面必须广泛，即便是非虚构类图书，也不能任凭孩子只读他喜欢的类型。三观养成的基础是人文底蕴，因此新闻类阅读、覆盖各地历史人文、政经体系等的社科类阅读，都是中小学生不可或缺的。了解真实世界的过去和现在，才可能独立去面对世界，培养起对当下和未来的判断能力。

四、精读能力的培养

阅读除了有助于提高一个人的口语表达能力之外，还有一个作用就是促进读者书面表达能力的提升。书面表达能力的提升主要通过精读来实现。精读也是提高中小学生对汉语言的鉴赏能力和熟练运用能力的关键。

语言文字是人类智慧的符号、文明的象征，即便人类步入人工智能时代，但处于价值链顶端的行业和职能，仍然会对读写能力有较高要求。孩子拥有高于同龄人的复杂文本读写能力和思维能力，在未来会更有竞争力。《红楼梦》以及鲁迅、沈从文、孙犁、阿城、莫言等诸位先生的小说和散文都是学生进行精读的对象，特别是对提高学生的遣词造句非常有帮助。如鲁迅先生在写祥林嫂时的用语“眼珠间或一轮”，实在是太妙了。阅读《红楼梦》时，最好能摘抄并能反复吟诵。邓嘉宛、石中歌、杜蕴慈等翻译的《魔戒》是当代少有的用语非常典雅的译著，非常值得反复阅读。我国著名儿童文学作家曹文轩的代表作《草房子》于 2016 年获得国际安徒生奖，作为一部儿童文学作品，作者以其优美的文笔、生动的人物形象、感人的故事，让读者感受到书中主人公在一次次告别中的成长，懂得感恩和珍惜。

每个人本能地用母语进行思考，所以母语的修养越深，能调动的资源、词汇以及联想就越丰富。作为中国人，中文阅读能帮助每位阅读者形成一种文化底蕴，接受熏陶，在思想深度、审美品位、待人接物的教养方面获得教益。

五、数字阅读能力的培养

数字阅读催生了社会化阅读，而社会化阅读的最大魅力在于基于内容的交流和分享，在阅读和社会的相互作用下，构建了一个具有较强扩展性的阅读生态圈，形成基于图书内容共享和社会关系互动的社会化阅读。在移动数字阅读环境下，每个人都是一个独立的自媒体，读者在信息技术的支持下被更多地赋权，具有更强的能动性与自组织性，可以通过读者推荐、书评分享、组织读书会等方式更多地参与到阅读活动中，成为家庭与社区阅读推广中的骨干。

虽然随着经济和互联网的快速发展，数字化的生存方式已经成为大多数现代人的生活常态，大数据技术的广泛应用为收集、整理与分析公民的网络行为数据提供了极大的便利，但研究显示，不同的群体在数字化生存的资源获取、利用等方面，仍存在着结构性的差异，这也意味着大数据数字鸿沟的存在，导致产生了那些被大数据技术所遗忘的弱势群体：当“数字富人”在新冠疫情期间可以正常获得电子商务、在线教育、远程办公、网络社交互联网带来的效益时，仍有一些“数字穷人”不得不冒着感染的风险外出购物，挤在一起学习、工作甚至中止学习、工作，与其他居民的讨论互动受到限制，也难以及时通过网络获得新冠的蔓延情况和防治方法，增加疫情防控难度。当疫情暴发或在极端的生活情境下，网络购物、网络学习、网络办公和网络社交正是在数字世界生存所需的最基本的技能。

随着互联网技术在社会生活中的渗透，数字技术在家庭、学校和公共空间无处不在，中小学生在学习和成长过程中无不受到数字和交互式多媒体的影响。但大部分家长将网络视为洪水猛兽，对孩子使用手机、电脑、平板等的时间进行严格控制，甚至坚决围堵。

2020 年初全球受新冠病毒疫情的影响，在线教育、在线学习成为全球学校教育、个人学习和工作的首要选择，而且这种态势还在持续。作为家长，必须正视这一现实，帮助孩子培养数字阅读能力。具体可从以下几方面着手：一是帮助孩子选择高质量的数字媒体和资源，为儿童课程和学习提供补充，通过数媒技术的应用进一步加强家庭与学校的联系，为儿童的健康成长提供更好的保障；二是采取有效措施控制儿童花费在屏幕上的总时间；三是随着越来越多的多媒体设备功能的升级换代，以及优质数字资源的出版发行，儿童学习的方式日趋多元。如英语单词的记忆学习，传统的电子资源只有磁带，需要播放机支持播放，而现在有很多App可随时随地进行学习，如扇贝、百词斩等学习软件都附带存储和检测功能，可以利用大数据技术对当前的学习状态和能力级别进行测定。因数字阅读发展出的数字学习能力正是儿童应对数字化生存世界的重要能力之一。

第四节　家庭阅读顺序原则

家长在对中小学生进行家庭阅读教育时，应坚持以下顺序原则：

一、儿童优先原则

阅读的质量与数量直接决定着儿童学习能力的高低。阅读书目究竟应该以儿童的喜好为准，还是应该由家长指导进行选择？很多家长常常陷入两难境地。儿童阅读的兴趣方向，往往侧面反映了儿童的爱好和潜在的特长，加以积极引导可以激发儿童的潜力，为儿童的未来发展打下基础。另一方面，局限于某一特定领域的阅读容易使儿童对世界的认知范围变得狭窄，不利于其视野的开阔和思维的拓展，而且其价值判断仍未成型，家长或老师应担负起引导重任，在根据兴趣有所侧重的前提下，引导儿童阅读具有正能量导向的各领域的图书。

低年级小学生一遍又一遍地阅读同一本书，通常来讲，意味着他们比较喜欢该书的内容或者叙事风格，家长这时不要性急，觉得孩子的阅读量少了。对于小学一、二年级的孩子，家长可以训练孩子讲故事的能力，让孩子将反复阅读的故事讲给家长听，锻炼孩子的口头语言和肢体语言表达能力。家庭阅读中常见的问题是关于反复阅读的问题。没有一种阅读是终极的，每一次阅读都是对自我的重塑。重读作品就是重新发现自我。

当中小学生完全掌握阅读能力以后，就意味着具备了自主阅读能力，整本书阅读能力、快速阅读能力、精读能力将贯穿在此后的整个阅读过程中，可以根据读物内容、阅读时间、阅读兴趣、阅读目的自由切换。

重复行为某种意义上代表着意志力的逐渐形成，儿童通过反复阅读逐渐养成专注力，同时，这种重复阅读的行为也使他们的自我意识得到极大满足。除了整本图书的重复阅读，还有一种形式的重复阅读，体现在朗读方式的反复性上。家长与孩子轮流朗读句子或跟读，即家长先朗读一句或一页内容，孩子重复朗读家长读过的部分，家长的朗读能起到示范性作用，帮助孩子克服“每本书都很难”的畏难情绪。

高年级阶段的学生若是反复阅读某本书，一般意味着他（她）对这本书有着异乎寻常的偏爱，书中的故事情节或语言风格契合他们的阅读口味。笔者的孩子在初中阶段反复阅读的图书有《哈利·波特》系列、《故事新编》、《朝花夕拾》、《三国演义》以及《三体》等。六年级的暑假，因为反复阅读《三国演义》，他那段时间的日记基本用文言文写就。现摘录如下：

> 今日吾母有要事在身，临行前，命吾发面做馍。吾领旨。吾先取白面两斤，与酵母、水等均匀混合。吾先手指并拢，置于盆中，以缓慢速沿右方平推，使水、面、酵母等融为一体，拌为面团。随之，吾双手持面团，用力使之在盆中旋转，尽粘残余之面。毕后，面已成形。古人云：“宝剑锋从磨砺出，梅花香自苦寒来。”面与剑、梅相同，同须历经风雨，方能有成。吾手握成拳，使浑身之劲敲击面团。半时方过，吾暂休一会。只见那面团：表平、光艳、内韧、外柔，已是一块成馍的好料。片刻，吾将面揉成三尺见方之块，静发半晌。时过，吾将面蒸煮熟透。馍色泽圆润，里外皆柔，但不失韧劲。吾笑曰：“天下美食，不过如此！”

二、兴趣优先原则

阅读的目的有很多，积累字词、获取知识当然是其中很重要的几种，需要注意的是，不能将刚开始学习阅读的儿童的阅读活动限制为积累字词或查询某些特定知识等。这个阶段的阅读过程当以激发儿童的阅读兴趣并能长期保持为最主要的目标。

儿童时期的阅读应以培养阅读兴趣为主，通过对阅读动机的不断强化，达到培养阅读习惯的最终目的。因此，家长在陪伴和引导儿童阅读的过程中，从培养儿童学习能力、生活能力等功利角度出发，激发儿童阅读兴趣无可厚非，但不能唯工具论。如在阅读过程中频繁地提问题，或者对孩子反复要求讲述故事表现出不耐烦，甚至恼怒，这些都会让孩子对阅读产生不良情绪，进而抑制其阅读兴趣，影响阅读行为的持续发生。家长应秉承“书籍即玩具，阅读即游戏”的理念，认可肃穆恭敬是一种读书态度，放松享受也是一种态度的理念。除了要求孩子保持书籍适当的整洁之外，对于读书的姿势，在不影响健康的前提下，不必要求其一定要正襟危坐。家长应尽量让儿童感觉阅读如同游戏一般轻松、愉悦，从心理上消除其畏难情绪，让孩子在潜移默化中感受阅读的美妙和快乐，体会亲情、友情等美好的情感。

对于小学低年级学生来说，应将阅读兴趣的培养放第一位。目前图书品种丰富，全国自上而下公共文化服务体系日趋完善，对于中小学生来说，他们最不缺的是图书，而普遍欠缺的是阅读的能力和持续的热情。因此，对于处于学习阅读阶段的小学生来说，有趣、好玩、新鲜、刺激的阅读感受相较于知识和文字表达的兴趣更为重要。

三、循序渐进原则

在繁荣的出版市场中，读物泥沙俱下。家长在培养中小学生阅读习惯的过程中，应遵循循序渐进的原则。这里的"循序渐进"包括两个层面的意思：一是指阅读载体由简入繁，二是指阅读内容由浅入深。儿童在学习阅读的过程中，阅读心理活动中的非智力因素，诸如"动机、兴趣、情感、意志、性格等，都对阅读过程起着动力、定向、维持、调节、强化等作用"。因此，家长在引导儿童阅读时，应遵循儿童的认知规律和身心发展规律，根据不同年龄段儿童的智力、心理发育程度、认知发展程度和语言能力水平，教授其科学的阅读方法，制定阶段性阅读计划，提供与其智力发展、心理发育、认知发展和语言能力水平所处的阶段相适应的读物。由于每个孩子具有个体差异，在进行分级阅读时，不能单纯地按照年级或年龄进行，应综合考虑阅读主体和阅读对象的匹配程度。

低年级小学生应以寓言、民间传说、童话等国内外绘本或图文并茂的书籍为主，小学中年级过渡到以文字阅读为主，对于中国古典名著的阅读，笔者认为至少应到五六年级才可进行。

笔者的孩子刚开始并不喜欢看《百万英镑》这本书，当他看过同名电影后，兴趣被勾上来，拿起书阅读。看过书以后，我们一起探讨书中的情节与电影的差别，比较分析了电影和小说两种不同艺术表现形式的特点，即电影需要在较短的时间里制造更激烈的冲突，或者说需要制造出足够的张力才能引起观众的兴趣。《好兵帅克》的阅读过程也是如此，先看电影，然后看青少版小说，最后看星灿翻译的插图版小说。通过这种由浅入深的学习，孩子的阅读能力不断提高，而且很顺利地实现了从漫画到简本，再到原著的阅读。这种层级递进和多样的阅读方式让儿童初步了解到图书版本的差异，甚至意识到不能完全信书。

清代文学家张潮认为"少年读书，如隙中窥月；中年读书，如庭中望月；老年读书，如台上玩月。皆以阅历之深浅，为所得之深浅耳。"[①]林语堂先生在《生活

① 张潮.幽梦影[M].青岛：青岛出版社，2002：39.

的艺术》[①]中写道：

> 世上无人人必读的书，只有在某时某地，某种环境，和生命中的某个时期必读的书。我认为读书和婚姻一样，是命运注定的或阴阳注定的。纵使某一本书，如《圣经》之类，是人人必读的，读这种书也有一定的时候。当一个人的思想和经验还没有达到阅读一本杰作的程度时，那本杰作只会留下不好的滋味。同一本书，同一读者，一时可读出一时之味道来。

青年时期，古龙是笔者最不喜欢的武侠作家，其中最主要的原因在于他笔下的男主人公对女性的滥情，以及古龙对作品中女性角色的处理非常轻飘，除了少数女主角，其余的女性都是可以为了故事情节发展的需要而随时被剥夺生命。2017 年暑假重读古龙作品及其传记《我有一杯酒，足以慰风尘》，通过对其身世以及感情生活的了解，感到一种深沉的悲凉，那种对人世、对命运、对感情无常的对抗。尽管不赞成他对生活和感情的态度，但最起码初步懂得了他放荡不羁和轻狂的言行下所深藏的那种至纯至性。这种体味，对于一个中小学生来说，是无法生发和理解的。所以，阅读分级是有必要的，有些书，需要阅读者具备足够的人生体验才能更好地理解。

每个学生的阅读能力是不一样的，但一般来讲，四大名著不太适合小学阶段阅读，最早可以在小学升初中的暑假阅读，一方面，可以为即将到来的初中文言文学习打下基础，另一方面，四大名著属于大部头著作，利用寒暑假时间进行阅读，既不影响学校学习任务的完成，又有利于集中精力。四大名著中的《西游记》比较契合小学生阅读心理，无论男女都可以阅读；《三国演义》可以满足男孩子的阅读期待；《红楼梦》的语言成就最高，非常适合精读。

现代社会，无论是中小学生，还是成年人，往往没有耐心阅读整本书，这主要是由于在阅读能力培养的关键期没有得到很好的锻炼。在儿童期没有自主选择读物的权力时，家长出于功利主义的考虑，如升学考试等，硬逼着孩子看大部头名著，往往会让孩子产生抵触心理，甚至会厌恶阅读。如对于小学阶段的学生来说，四大古典名著远远超出了他们的阅读能力和认知范围，如果硬逼着他们阅读，久而久之就对阅读产生畏难甚至厌恶的情绪。

① 林语堂.生活的艺术[M].西安:陕西师范大学出版社,2006:318.

第四章　学校阅读生态环境的构建

学校教育是以影响学生身心发展为直接目标，由专业人员承担，在专门的机构进行目的明确、组织严密、系统完善、计划性强的社会实践活动。与家庭教育、社会教育相比，学校教育具有计划性、专业性、系统性、连续性特征，围绕教育对象的知识和智力增长、思想品德形成、身体健康成长等方面进行全面培养，是现代社会培养人才的重要场所。

随着知识容量呈几何指数的增长，现代社会对公民的综合素质要求越来越高，不仅要求具备阅读理解与表达交流等方面的基本能力，还要具备运用现代信息和网络技术搜集和处理信息的能力，一言以蔽之，就是具备良好的人文和科学素养。那么，这种素养从哪来呢？只能从阅读中来，从持续不断的自我学习中来。中小学生经过九年的义务教育学习，基本掌握完成基础教育学习所需要的各项学习能力，其中最重要的一项能力就是阅读能力。中小学生通过老师的专业指导，掌握各种阅读方法、阅读技巧，通过课内和课外大量系统性阅读，进入中华民族和全人类的文化殿堂，广泛吸取前人所创造的文明成果和各类精神资源的精髓，在知识和文化传递中完成从自然人到文化人的蜕变。

经过家庭教育、学校教育和社会教育的培养，广大中小学生逐步获得良好的阅读素养，为他们学习各门学科奠定能力基础，是他们获得全面发展，实现终身学习的不竭动力。2017 年 6 月起实施的《全民阅读促进条例》对中小学学校阅读生态环境建设提出指导性意见，包括鼓励中小学加强书香校园文化建设，加强校园阅读设施建设，鼓励教师开展阅读指导，有针对性地开展教师培训，开设必要的阅读课程，开展多种形式的校园阅读活动。从中小学生的阅读能力、阅读习惯的培养效果来看，中小学学校阅读生态环境的构建可以从中小学图书馆文献资源建设、课堂阅读环境建设、课外阅读环境建设等方面进行，下面将分述之。

第一节　学校图书馆文献资源建设

雨果曾经说过："书籍是改造灵魂的工具。"人类所需要的，是富有启发性的养料。而阅读，则正是这种养料。苏霍姆林斯基则认为，一个学校可以什么都没有，只要有了为教师和学生精神成长而提供的图书，那就是教育。

中小学图书馆既是"为全校师生提供文献信息的资源保障中心，又是学校课程资源建设和文化建设的重要载体，也是推动教师专业成长和学生全面发展的重要平台"。中小学生可以利用学校图书馆完成在校学习期间的课程学习并开展以完善自我发展为主导的课外阅读。

2003 年 3 月 22 日，教育部印发《中小学图书馆（室）规程（修订）》，2015 年 5 月 20 日，由教育部、文化部、国家新闻出版广电总局三部门联合印发的《关于加强新时期中小学图书馆建设与应用工作的意见》（以下简称《意见》），均是聚焦中小学图书馆深度发展的纲领性文件。《意见》对中小学图书馆资源采购主体、采购渠道、文献载体、资源评价以及资源建设格局等五个方面做了具体的指导性规定，以期为中小学图书馆建立全方位、立体式的资源保障坐标系。2021 年 3 月 31 日，国家教育部正式发布《中小学生课外读物进校园管理办法》，对课外读物的范围进行了界定，规定"课外读物是指教材和教辅之外的、进入校园供中小学生阅读的正式出版物（含数字出版产品）"。该办法对中小学课外读物推荐工作的原则、课外读物内容标准等进行了规定。中小学图书馆应在上述文件的宏观指导下开展文献资源建设工作。具体如下所述。

一、文献资源采购原则

中国特色社会主义教育事业的核心在于立德树人，培养"德、智、体、美、劳"全面发展的社会主义建设者和接班人是其本质要求。学校在实施教育活动过程中，要按照党和国家的教育方针和教育思想，为实现规定的教育目标和教育内容，按照既定教学目标和教学计划系统实施各科教育。中小学图书馆作为服务学校教育、教学的辅助性机构，馆藏资源是对教师课堂教学知识的有效补充。因此，中小学图书馆馆藏资源采购要坚持立德树人的根本原则，根据学校的课程方案和各学科的课程标准开展文献资源采购，根据老师和学生的评价进行动态化补充和调整。考虑到中小学教育教学实际和中小学图书馆的服务对象，入藏标准坚持以下原则：

（1）坚持育人为本的原则。中小学阶段是一个人从懵懂无知向有理想、有担当、有本领的时代新人发展的孕育期。文献资源作为一个国家精神文明和民族文化的重要载体，在人才培养过程中具有非同小可的作用。中小学图书馆应以落实立德树人任务为首要目标，着眼于学生综合素质的全面发展。文献资源采购要严格审定其价值取向，“优先采购充分体现中华优秀传统文化、革命文化、社会主义先进文化等优秀作品，文献资源应体现法治意识、国家安全、民族团结和生态文明等教育目标。”中小学生通过阅读大量优秀的文献资源，可以逐步树立正确的人生观、世界观和价值观，形成正确的道德观、历史观、民族观、国家观和文化观，树立法治意识、国家安全意识、民族团结意识和生态文明意识等，让中小学生成长为具有强烈的历史使命感和时代责任感的有为青年。

（2）坚持全面性和多样性的原则。16 世纪英国哲学家弗兰西斯·培根在随笔《培根论人生》中写道：“读史使人明智，读诗使人聪慧，学习数学使人精，物理学使人深刻，伦理学使人高尚，逻辑修辞使人善辨。总之，‘知识能塑造人的性格’。”[①]不同学科内容、不同体裁的图书都有其独特的养分，能对读者发挥特定的精神食疗作用，因此，中小学图书馆采购文献资源时应坚持全面性和多样性的原则，让每个学生都能在学校图书馆读到自己喜欢的书。在重点采购人文和社会科学作品的同时，要兼顾其他学科，特别是科普类和艺术类图书的采购，如物理、化学、生物、音乐、美术等学科类图书。人文社科类作品的采购要兼顾不同体裁、题材、国别、风格的作品。科普图书既包括有关自然科学知识方面的通俗读物，如天文、地理、物理、化学等学科的启蒙和基础类知识图书，也包括各类实用技术类图书以及涉及人们日常生活的各类知识性图书，部分社会科学和人文学科类的图书也可归入科普类图书，这类图书一般通过文学性的创作手法进行科普知识宣传，可读性更强。科普类读物在传播科学知识，普及科学理念及方法，传承科学精神，激发科学理想，提升全民科学素质与人文素质等方面起着重要作用。

（3）坚持适宜性和差异性原则。学校图书馆文献资源采购首先要坚持适宜性原则，即文献内容要符合中小学生身心和认知发展水平，满足不同学段学生学习、交流和探索的需求。同时，由于每个学生在学习能力方面存在先天的智力差异，再加上家庭教育水平的参差不齐，同一年龄段、同一学段的学生阅读水平和阅读能力会呈现高低不同的状态。因此，中小学图书馆采购文献资源内

① 培根. 培根论人生[M]. 何新，译. 天津：天津人民出版社，2007：197.

容可以适当超越学校所处的学段，以满足部分阅读能力出色学生的需求。

二、文献资源采购标准

(1) 主题鲜明。采购的文献资源内容要体现中国特色社会主义国家建设和发展的主旋律，传承红色基因，弘扬民族精神、时代精神、科学精神，彰显家国情怀、社会关爱、人格修养，开拓国际视野，涵养法治意识。

(2) 内容积极。读物题材内容积极向上，反映人类文明优秀成果、经济社会发展新成就、科学技术新进展，以及具有较高人文、社会、科学、艺术等方面价值。选文作者历史评价正面，有良好的社会形象。

(3) 可读性强。中小学生处于语言表达能力培养的关键时期，图书馆采购文献资源时要格外重视文献的内容，如语言文字要优美、典雅，叙事清晰，说理深入浅出，帮助学生培养良好的口头表达和书面表达能力，以及逻辑思维能力。中小学生作为未成年人，童真和好奇是他们的天性，因此，课外读物要具有一定的趣味性和启发性，帮助学生通过阅读增长知识，开发智力，激发学生的好奇心、想象力和创造力，对学习和生活保持强烈的探索热情。

(4) 安全性高。这里的安全主要指图书馆采购的文献资源要考虑中小学生的身体健康安全。具体来说，为中小学生提供的课外读物，包括图书和期刊、杂志，纸张要符合中小学教科书的用纸质量要求，环保、耐用、亮度合适；正文的排版字体大小合适，行距适宜，不能过大或过小，既要方便中小学生阅读，又有益于他们的视力健康；课外读物装帧用的背胶要安全环保，不会侵害学生的呼吸和神经系统；读物在出版时采用绿色印刷，插图的墨色浓淡均匀，封面用纸坚固耐用，保证读物的反复流通和使用。

三、文献资源采购程序

中小学图书馆资源采购应按照教育主管部门、国家文化部门等颁发的相关文件规定执行。学校组织管理人员、任课教师和图书馆管理人员提出初选目录；学科组负责审读，对选自国家批准的推荐目录中的读物，重点审查适宜性，对其他读物要按照推荐原则、标准、要求全面把关，提出评议意见；学校组织专门小组负责审核把关，统筹数量种类，确认推荐结果，公示并报教育行政主管部门备案。

四、文献资源采购书目依据

中小学图书馆的文献资源采购书目可以依照教育行政主管部门编制的书

目，各级各类图书馆、阅读研究机构或组织、相关专家学者以及学校师生和家长推荐的书目，具体包括：一是教育行政主管部门主导编制的推荐书目，即装备书目，如中国教育装备行业协会、中国出版协会编制的《中小学图书馆（室）配备核心书目》《2019年全国中小学图书馆（室）推荐书目》，教育部编制的《义务教育语文课程标准》和《普通高中语文课程标准》中的必读书目和推荐选读书目，教育部基础教育课程教材发展中心组织研制并发布的《中小学生阅读指导目录（2020年版）》，该目录分为小学、初中、高中三个学段，其中小学110种、初中100种、高中90种。二是图书馆组织编写的推荐藏书目录。如国家图书馆少儿馆编制的《少年儿童图书馆（室）基本藏书目录》，各省市公共图书馆、少年儿童图书馆推荐的阅读书目等。三是研究机构、民间组织或专家学者发布的推荐书目。如朱永新领衔创办的阅读研究所，目前已编制完成《中国小学生基础阅读书目》《中国中学生基础阅读书目》、初中生书目、高中生书目，父母书目、教师书目等九个大类书目。其中中小学生基础阅读书目均按学段进行划分，每个学段下面分为文学、人文和科学三大类，每个推荐书目包括100种图书。中国教育学会中学语文教学专业委员会等机构研制了中学生阅读行动指南书目，根据初中和高中学段分别推荐，分为基本书目和拓展书目两大类，共362种图书，按学科类别分为文学、历史、哲学、科学、社科、艺术、博物七个大类；亲近母语课题组编制的《亲近母语分级阅读书目·小学版》每年都会根据书目实际应用与新书出版情况进行修订和完善，小学图书馆可据此采购收藏。四是学校师生或家长在教学、学习或亲子阅读过程中反馈、推荐的书目。

1. 依据国家教育部推荐书目采购基础书目

中小学图书馆受馆舍、购书经费有限等客观条件的制约，采购文献资源应优先采购基础书目。基础书目可以按照《义务教育语文课程标准》和《普通高中语文课程标准》《中小学图书馆（室）配备核心书目》《2019年全国中小学图书馆（室）推荐书目》《全国少年儿童图书馆基本藏书目录》进行采购。

根据教育部新课标的规定要求，小学1～2年级学生课外阅读总量不少于5万字，推荐书目50本，其中中国部分20本，包括孙幼军的《小猪唏哩呼噜》、秦文君的《调皮的日子》、郑渊洁的《舒克和贝塔历险记》、梅子涵的《戴小桥和他的哥儿们》、张乐平的《三毛流浪记》（全集）、金波等选编的《中华歌谣100首》。外国部分30本，包括德国格林兄弟的《格林童话》、丹麦安徒生的《安徒生童话》、德国豪夫的《豪夫童话》、法国阿希季诺夫人的《狐狸列娜的故事》、英国詹姆斯贝洛的《彼得·潘》、日本黑柳彻子的《窗边的小豆豆》、古希腊的《伊索寓言》等。

小学 3～4 年级学生课外阅读总量不少于 40 万字，推荐书目 50 本，其中中国部分 25 本。包括张天翼的《大林和小林》，冰心的《寄小读者》《严文井童话》《高士其科普童话》《陈伯吹童话》《金波童话》《叶圣陶童话》，郑渊洁《皮皮鲁传》《鲁西西传》等。外国部分 25 本，包括法国埃克多·马洛的《苦儿流浪记》、美国乔治·塞尔登的《时代广场的蟋蟀》、英国笛福的《鲁滨孙漂流记》、德国拉斯伯的《吹牛大王历险记》、英国格雷厄姆的《柳树间的风》、法国凡尔纳的《海底两万里》、意大利科洛狄的《木偶奇遇记》、苏联柳·科斯莫杰米扬斯卡娅的《卓娅和舒拉的故事》等。

小学 5～6 年级学生课外阅读总量不少于 100 万字，推荐书目合计 50 本。其中中国部分 25 本，包括梅子涵的《女儿的故事》、秦文君的《女生贾梅》和《男生贾里》、张之路的《羚羊木雕》、曹文轩的《草房子》、黄蓓佳的《我要做好孩子》等。外国部分 25 本，包括法国圣埃克苏佩里的《小王子》、法国法布尔的《昆虫记》、德国施瓦布的《希腊神话》、捷克雅·哈谢克的《好兵帅克》、美国马克·吐温的《汤姆·索亚历险记》、美国海伦·凯勒的《假如给我三天光明》、英国托尔金的《魔戒》、意大利亚米契斯的《爱的教育》、英国兰姆姐弟编写的《莎士比亚戏剧故事》等。

七年级学生推荐阅读 5 本书，包括罗广斌、杨益言的《红岩》，丹麦安徒生的《安徒生童话全集》，苏联高尔基的《童年》；法国凡尔纳的《格兰特船长的儿女》，意大利亚米契斯的《爱的教育》。

八年级学生推荐阅读 5 本书，包括杨沫的《青春之歌》、老舍的《骆驼祥子》、苏联奥斯特洛夫斯基的《钢铁是怎样炼成的》、英国柯南道尔的《福尔摩斯探案集》、法国埃里·居里的《居里夫人传》。

九年级学生推荐阅读 4 本书，包括巴金的《家》、爱尔兰伏尼契的《牛虻》、法国巴尔扎克的《高老头》、上海教育出版社编的《中国科学院院士自述（青少年版）》。

高中生推荐阅读书目 100 部，包括《道德经》《论语》《庄子》《孟子》等 4 部文化经典，《三国演义》《红楼梦》《呐喊》《射雕英雄传》《傲慢与偏见》《百年孤独》等 30 部小说，《诗经》《唐诗三百首》《宋词选读》《繁星·春水》《雪莱抒情诗选》《普希金诗选》《草叶集》《泰戈尔诗选》等 10 部诗歌集，《古文观止》《朝花夕拾》《朱自清散文精选》《文化苦旅》《纪伯伦散文诗选》等 10 部散文集，《西厢记》《牡丹亭》《桃花扇》《雷雨》《莎士比亚全集》等 6 部戏剧，《名人传》《居里夫人传》《凡·高传》《拿破仑传》《罗素自传》《甘地》等 6 部名人传记，《经典常谈》《蒙田随笔全集》《培根散文集》《思想录》《瓦尔登湖》《歌德谈话录》等10部随笔杂文，《人间词话》《美的历程》《谈美书简》《美学散步》《傅雷家书》《数理化通俗演义》等8部有关人生修养的著作，《科学发现纵横谈》《时间简史》《昆虫记》《人类征服的故事》等8部科学技术主题的图书，《孙子兵法》《左传》《史记》《资治通鉴》《共产党宣言》《中国大历史》《法律的故事》《美国独立宣言》等8部人文名著。

亲近母语课题组2001年发布第一个中国小学生分级阅读书目，2021年版书目于2021年4月23日“世界读书日”正式发布，最终确定了适合0～12岁阅读的共1000种优秀图书，其中小学阶段680本优秀图书入选。这份书目经过梅子涵、朱自强、彭懿等众多专家学者、儿童文学作家、儿童阅读推广人以及众多优秀出版社与童书机构积极推荐和评审，时间长达半年，专业性和权威性都很高。该书目分共读书目和自主阅读书目两大类别，可以为小学阶段的整本书阅读、书香校园建设、小学生的自主阅读，以及家庭场景下的亲子共读提供专业指导。因此，小学图书馆可以按照该书目进行采购。

小学图书馆可以采购课标推荐的一至九年级的所有书目，初中、高中图书馆则可以完整采购七年级至高中阶段的所有书目。按照目前的基础教育和升学考试现状，少有高中生能在高中阶段完成该阶段的推荐书目阅读任务，特别是理科生。因此，扩大小学图书馆和初中图书馆入藏范围，也是为阅读能力强的学生提供阅读资源保障，保证他们在有精力的情况下提前阅读下一阶段的推荐书目。

教育部课程标准推荐书目信息比较粗放，小学阶段的推荐书目只有书名、作者等信息，出版社、出版年份、译者等书目要素全部缺失。初高中阶段推荐书目补充了译者信息，但出版社、出版年份等书目要素缺失，对图书采购人员的专业素质提出了更高的要求。这主要是由于目前图书出版市场的繁荣，特别是针对中小学生课外阅读的相关图书品种比较丰富。

古代经典名著，无论是语言表达还是故事发生的时代背景，都与当下的生活场景相去甚远，很多学生因此对这类古典名著的阅读产生畏难情绪。如有媒体调查最难读的书，《红楼梦》名列榜首。高考语文科目的考试对中国传统文化比例大幅增加，对学生的传统文化知识储备提出了更高的要求。为帮助广大学子决胜中、高考，图书市场涌现大量冠以各类推荐字样的经典名著节略版图书，封面标注“白话青少版”“人生必读书”“教育部统编推荐”“青少版”“学生版”“中小学新课标必读名著”“《语文阅读》推荐丛书”等字样。这类作品的故事背景被大量删减，故事情节被大幅度简化，细节描写被省略，致力于突出作品的主要文学特征和故事情节，甚至画出重点语句进行详细解读或注释，美其名曰“导读”。

古代经典名著的简写本或节略版与原版相比，用现代语言对文言或半文言进行改写，减少了学生在语言文字方面的阅读障碍，对故事情节进行删减，选取最主要的故事情节，能够将书中的人物关系交代清晰，对故事情节发展不具有关键性作用的人物有些予以去除，学生阅读时更容易掌握故事情节和人物关系，既帮助学生了解故事的梗概或大概内容，完成学习和各类考试任务，特别是升学考试规定的阅读要求，同时又大量节省时间，因而得到相当多家长和学生甚至老师们的青睐。对于中小学生来说，作为一种了解性的阅读，这种改编过的经典名著有其可取之处，但对发展学生的阅读能力来说，满足于这类读物的阅读是远远不够的，长期阅读这类读物，甚至会让学生陷入阅读的舒适区而无法自拔。此外，还会让学生产生认识上的误区，认为经典名著不过如此的感觉。譬如《红楼梦》，这部作品除了它的思想性，最大的价值在于其精练、典雅、素朴的语言。学生通过反复阅读原著，甚至摘抄，能够学到汉语言文字的精髓，反复阅读，最终能大幅度提升自己的书面表达能力。因此，保障基础馆藏建设质量，中小学图书馆采购的图书应尽可能选择原著。外国文学应选择名家翻译、名社出版的作品，名家如傅雷、萧乾、韩少功、任溶溶、马爱农等。

2. 图书馆资源的拓展性采购

从图书的内容来看，教育部推荐书目中的文学类作品占比最大，虚构类作品占绝对数量，20 世纪上半叶的图书占比最大，其次是 18 世纪、19 世纪的作品。从推荐书目的语言类型看，以现代汉语为主。初中阶段没有推荐文言文作品，这对初中生学习文言文显然不利。因此，学校图书馆采购图书时应特别加强以下方面图书的采购：

(1) 加强学科阅读资源建设。采购图书应能涵盖基础教育的 9 门主要学科，包括语文、数学、外语、物理、化学、地理、生物、历史、政治，此外，还应适当选择音乐、美术、体育方面的书籍。纯粹的文学阅读并不足以为学生打开认知世界的窗，特别是对于中、高年级的学生来说，如果教师和家长只带着学生阅读文学书籍，而没有引导他们对非虚构文本的学习，他们会逐渐缺乏人文性和科普性阅读的滋养，长此以往，不利于他们理性思维和精神成长的全面发展。此外，对于小学生和初中生来说，广泛的阅读有利于他们了解各学科的发展简史和基本常识，让他们慢慢熟悉和掌握每门学科独特的学科术语，培养对学科的敏感性。不少学生高中阶段对物理、化学、生物等学科的学习感到非常吃力，从某种意义上说，与小学和初中阶段没有及时地进行学科启蒙有一定关系。随着学科学习内容的加深，这些学生会感到越来越吃力，极少数学生阅读物理、化学、生物教材如同看天书，更遑论理解和熟练解题了。小学低年级学生可以引导他们阅读《十万个为什么》《我的第一本科学漫画书》《剑桥少儿科技百科》《希利斯讲科学》等类图书，这些图书内容涉及物理、化学、地理等各方面知识，印刷、装帧精美。有的学生不擅长景物或细节描写，文字往往很平淡，缺乏灵动，细究原因，发现这些学生大都不爱阅读文学作品，或者缺乏反复、细致阅读经典文学作品的过程。中小学生在学校里进行的阅读学习主要由语文老师通过课堂教学和课外阅读任务的布置完成，数学、化学、物理、地理、历史、生物、美术、音乐、体育等学科老师对学生在校期间的学科阅读指导基本处于缺席的状态。英语作为一门语言类学科，英语老师一般会督促学生阅读英语类读物。历史学科作为和语文学科最相通的学科，历史老师应该积极参与学校图书馆资源建设。其他学科老师也应积极参与学校图书馆文献资源的采购，推荐本学科的入门书籍，特别是科普类、修养类、生活类读物的推荐，让学生从小了解学科基础知识，培养对各门学科的敏感性，熟知学科术语，为后面高年级阶段的学科学习埋下兴趣的种子。

(2) 加大非虚构类读物的采购比重。《牛津英语词典》对于非虚构的定义为：“非虚构是一种文章写作方式而不是虚构小说，比如历史、传记和参考书籍。非虚构与真实事件的叙事描述有关，也是一种写作类型。”真实的故事和文学性的手法结合起来，呈现出完全不同的风貌。如梁鸿的《中国在梁庄》，莫言的《晚熟的人》。非虚构类读物所讲述的故事内容是真实的，是根据作者的亲身经历或以旁观者的身份对事件进行调查、实验并在逻辑推演的基础上进行创作的，并非空穴来风式地凭空编造甚至捏造。中小学生通过阅读非虚构类读物作品，可以让他们感知当下的社会和人生百态，引发他们对现实问题的关注。

非虚构类读物由于创作时笔调的严肃和冷静，情节以最大限度地反映现实，因而创作手法比较单一，故事情节一般倾向于平铺直叙。虚构小说的创作带有更浓厚的文学和戏剧性，人物性格充满内在的张力，故事情节曲折动人，更容易吸引中小学生的阅读兴趣。虚构类小说由于故事本身所具有的虚构性，以及对既定历史和现实生活场景的超越，中小学生在阅读时思想上可以天马行空，非常符合中小学生追求自由的天性，但这类读物往往让阅读者对作品产生距离感，长期沉迷甚至会对现实生活产生虚幻感。非虚构类读物因为对真实生活中人、物、事的描述，熟悉的生活场景容易引起读者的共鸣，特别是一些反映社会问题的非虚构类读物能够引发中小学生对现实问题的关注，进一步关注和体味不同年龄、不同阶层、具有不同社会角色的人的生活际遇和经历，增加对他人的同情、理解和包容，进而重新审视个人生活状态，激发自己对个人、家庭和社会的责任感。教师还可以进一步引导学生了解创作者的成长背景，着重考察创作者的动机、人生境界、思想素质等。如通过阅读《钢铁是怎样炼成的》，引导学生反躬自省，磨炼心智，通过不同时空生活的体验，培养他们的使命意识和担当意识。

（3）适当收藏外文类图书资源。3～12 岁是学习外语的关键期，如果错过这一阶段再开始学习，除了语言天分比较高的孩子，大部分人都需要付出更多的努力。因此，中小学图书馆应适当收藏适合中小学生阅读的外文类图书资源。杨绛先生曾经介绍自己留学期间学习外语的经验就是大量阅读故事情节和趣味性特别强的侦探小说，通过阅读来攻克词汇的难关，同时形成语感。随着国际出版交流的日益紧密，适合中小学生阅读的外文图书资源越来越丰富。比较经典的作品有适合小学低年级阶段学习的苏斯博士的绘本系列，小学高年级阶段可以阅读的《小屁孩日记》，初高中阶段的《哈利·波特》系列、《暮光之城》系列等，都可以作为中小学生中译本的同步阅读材料。此外，外语教学与研究出版社出版的“轻松英语名作欣赏”系列丛书非常适合中小学图书馆收藏。该系列丛书的封面标注了适合阅读的学段，收录的故事在国内都有相应的中文出版物，如《一千零一夜》《木偶奇遇记》《三个火枪手》等。该丛书配备了光盘，学生可以根据自己的时间、地点自由选择阅读或收听。通过长期的耳濡目染，学生的英语听、说、读方面的能力会在不知不觉中得到提高。该图书的后半部分附有中文译文，可以帮助学生更好地理解。书中有精美的插图和背景知识补充，可以让学生尽情地沉浸在英文经典殿堂中，欣赏原汁原味的英文作品。牛津树英语分级读物也是非常不错的英文类读物，出版单位根据科学的分级阅读理论精选书目，内容涵盖小学一年级至高中三年级整个学习阶段。

（4）适当收藏教学类、教育类、心理学类的图书资源。中小学教师承担着为学生传道、授业、解惑的重任，社会的飞速发展，知识图谱的不断更新和扩大，给中小学教师带来更大的压力。这种压力既包括知识结构更新的压力，也包括教学手段和教学方法改进和创新的压力，以及与学生进行沟通、交流的压力。因此，中小学图书馆要立足于教师教学成长的需要，为教师教学任务的完成和教学水平的提升提供合适的文献资源，采购一些著名教育学家的经典著作，如魏书生的《就这样当班主任》《教学工作漫谈》《我是这样做教师的》，李镇西的《我的教学笔记》《幸福比优秀更重要》《教育的初心》，王金战的《学习哪有那么难》《英才是家庭造就的》等，都是非常优秀的教育类图书，值得教师反复学习。教师通过大量而专业的阅读可以提升自己的职业素养和教学水平，最终造福我们的下一代，不负教书育人的重任。

五、建设学校特色馆藏资源

各学校图书馆可以利用大数据分析技术对馆藏文献，包括对图书、期刊、杂志的流通率和借阅率进行统计分析，定期对读者满意度开展纸质或App问卷调查，根据调查结果判断馆藏文献质量及利用率。广泛收集全校师生、家长朋友对图书馆图书采购的意见和建议，每学期可利用问卷星系统开展一至两次图书荐购调查，通过大数据分析，得出最终的结果，作为图书馆采购图书的依据之一。各学校应根据学校所在区域，相应地加强地方性文献资源的建设工作，包括本土作家的作品，有关本区域历史掌故、历史人物、重要历史事件等方面内容的图书资料收集。如《桐城记忆：古城古镇古街古村落》一书非常具有地域文化特色。根据这本书的记载，桐城文派开山鼻祖戴名世和方苞的老师朱果园就出生在段家河，段家河正是笔者的出生地，而笔者从未听过任何人说起过这样的掌故。诸如此类的历史性读物可以作为桐城市属中小学图书馆的特藏资源，帮助中小学生从这类历史记忆中了解自己的家乡及先贤们的事迹。这类特藏还可以扩大到地区、市级、省级范围内的相关文献资料，进一步突出各校图书馆馆藏的特色化和区域化特点。

安徽省的历代文化名人灿若星辰，管仲、老子、曹操、李鸿章、陈独秀、胡适、苏雪林、朱光潜、方东美、海子等；滁州琅琊山的醉翁亭、马鞍山的采石矶均与文人佳话有关；渡江战役、皖南事变等构成我国革命文化的一部分。学校图书馆可围绕所在地市及安徽省政治、经济、文化、教育等方面的代表性人物、重大历史事件搜集相关资料，从小培养中小学生的家国情怀。

合肥市第八中学于2017年推出推荐阅读书目第7版，总共100部，分为11个大类，其中文化经典3部，包括《论语今读》《庄子今读今译》《世说新语精读》；小说27部，包括《红楼梦》《三国演义》《抗日战争》《红高粱家族》《长征》《边城》《平凡的世界》《白鹿原》《孤独深处》《追风筝的人》等；诗歌集8部，包括《思无邪：诗三百》《唐诗鉴赏辞典》《余光中诗集》《雪莱抒情诗选》《飞鸟集》等；散文集13部，包括《古文观止》《朱自清散文精选》《人生的盛宴》《雅舍小品》《目送》《文化苦旅》《培根散文集》《瓦尔登湖》等；戏剧5部，包括《窦娥冤》《西厢记》《雷雨》《茶馆》《哈姆雷特》等；名人传记7部，包括《苏东坡传》《普京传》《钱学森传》《梁启超传》《邓小平时代》《林肯传》等；随笔杂文9部，包括《鲁迅杂文选读》《历史的经验》《思想录》《人性的弱点》《汪曾祺自选集》《看见》等；人生修养类图书9部，包括《中国伦理学史》《谈美书简》《傅雷家书》《假如给我三天光明》《菜根谭》《绝对成功的千回法则》《释梦》等；科学技术类图书3部，包括《万万没想到：

用理工科思维理解世界》《数理化通俗演义》《万物运转的秘密》等;人文名著10部,包括《孙子兵法解读》《史记·本纪》《给莉莉的信——关于世界之道》《人类简史》《菊与刀》《性心理学》等;实用书7部,包括《如何阅读一本书》《习惯重于方法:胡适谈读书治学》《逻辑是把斧子》《心理素质与心理健康》《中国古代文化常识》《我的职业生涯我做主》等。

由于我国基础教育体量巨大,地区之间教育发展事业不平衡,上述推荐书目对全国不同层次、不同区域的中小学图书馆馆藏建设的指导性有限,事实上,也没有任何一个推荐书目能完全满足所有中小学图书馆的需要。中小学图书馆的馆藏资源建设需要图书馆馆员、学生、教师和家长共同参与,实时反馈阅读效果,在保持基本书目不变的前提下,对馆藏资源进行动态更新,以最大限度保证馆藏资源的建设质量。

第二节　课堂阅读环境的构建

正如数学家苏步青所说,"如果数学是学习自然科学的基础,语文则是基础的基础。"语文学科的目标不仅是提升语言运用的能力,还担负着思维能力、审美能力培养和文化传承的使命。中小学语文作为所有学科中最基础的一门学科,兼具工具性与人文性,同时也是一门综合性和实践性课程。尼采认为母语是"真正的教育由之开始的最重要、最直接的对象",良好的母语训练是"一切后续教育工作自然的、丰产的土壤"[①]。因此,中小学语文老师对中小学生阅读能力的习得、阅读兴趣的激发、阅读习惯的养成具有至关重要的引导作用。

中小学生可以通过语文课堂的教学实践活动,掌握汉语言文字的特点和运用规律,培养运用汉语言文字的能力;同时,通过语文课堂上老师对课文的讲解与剖析,逐步发展思辨能力,提升逻辑思维能力。中小学语文课本上的每篇文章均根据教育目标选用,中小学生通过九年义务教育和三年高中语文课程的学习,思想道德修养和科学人文修养得以不断提升,形成社会主义核心价值观,养成高尚的审美情趣,积累丰厚的文化底蕴,为终身学习和全面而有个性的发展奠定基础。

从2017年开始,普通高等学校招生全国统一考试大纲增加了对中华优秀

① 周国平.母语是教育的起点[N].现代教育报,2013-11-20.

传统文化的考核比重，语文科目试题增加了文字的阅读量，增加了对古代文化常识、文学类文本阅读和实用类文本阅读的考核。数学新添数学文化，汉语科目则加上文言文、传统节日、民俗等内容。这对中小学生的阅读能力提出了更高的要求。中小学生课堂阅读环境的创建主要由语文老师负责，其他科目老师发挥辅助作用。语文老师通过课堂教学对中小学生进行阅读指导，即在学生阅读活动中对他们给予专业而有益的指点和辅导，增强学生的阅读效益。通过课堂教学对学生进行阅读指导是培养学生阅读习惯、提高阅读能力的必要手段。具体可从以下几方面着手：

一、阅读方法的传授

中小学生对于阅读方法的掌握决定了其阅读数量和质量，作为语文老师，应根据学生所处的年级阶段，帮助学生逐步掌握阅读方法。处于不同年级的学生由于认知能力和阅读能力的差异，以及读物内容的难易程度不同应采取不同的阅读方法。

认读是指阅读时以手指的方式逐字逐句地阅读，小学一年级学生多采取这种阅读方式。朗读要读准字音，默读要看清楚每个字和每个词。朗读和诵读对于小学生来说是最基本的阅读方法。《笠翁对韵》《三字经》《千字文》《唐诗三百首》都是非常棒的朗读和诵读材料。学习古诗文最好的办法就是反复大声朗读，直到熟能成诵。语文老师在开展古诗词教学时，要让学生感受诗词的音韵之美。这种美属于主观感受，很难诉诸文字或用语言表达出来，学生通过日积月累就会有所感觉，最终沉淀下来。正所谓“熟读唐诗三百首，不会做诗也会吟”说的就是这个道理。《义务教育语文课程标准》中要求小学一至六年级学生背诵古今优秀诗文160篇(段)，七至九年级学生背诵80篇(段)，合计240篇(段)。这个背诵要求可以通过语文老师利用早读课或以布置课后作业的方式让学生逐步完成。

老师要引导学生学会浏览、猜读、跳读等阅读方法，因为这些都是有用的阅读方法。对于处于学习阅读阶段的小学生来说，初次接触阅读，因汉字掌握有限，会遇到不认识的生字，这个时候，应鼓励学生大胆猜读、跳读，只要能将手头上阅读的书坚持读下去就向成功迈进了一大步。随着识字量的不断增加，学生在阅读过程中遇到的“拦路虎”不断减少，阅读的自信心自然会越来越强。还有一些图书，如图书市场上一些畅销的校园小说，学生阅读时只需要了解其大概内容就可以，阅读时不必死抠字眼，甚至可以跳读。阅读这类图书主要是为了扩大阅读面，获取阅读的量。对于超越学生目前阅读水平的图书，也可以采取猜读、跳读的方法，通过一次次“连滚带爬”的阅读，阅读能力最终得到提升。

所谓精读，是以掌握阅读方法、发展阅读能力、理解文章内容、积累知识为目的的读书方法，即精细深入的阅读。精读的方法适用于值得反复阅读的图书，或许因文学性，或许因思想性，或许两者皆备。对于这类图书第一次阅读时只需了解全书的主旨思想和文学创作特色，再次阅读须细品慢嚼，领悟作品的精髓。对于这类书最好的阅读方法是做笔记。对于中小学生来说，为了锻炼自己的语言文字能力，对于文笔优美的作品可以采取摘抄的方式，闲暇时反复阅读甚至背诵，一方面可以提升自己的记忆力，另一方面可以更深刻地体味作品的意蕴。精读是为学生的写作和文学鉴赏打基础的阅读方法。

朱光潜认为：“联想是记忆的基本原则，所以知识也须攀亲结友。一种新来的知识好比一位新客走进一个社会，里面熟人愈多，关系愈复杂，牵涉愈广，他的地位也就愈稳固。”①因此，在培养中小学生阅读习惯时可以采取“结网式”阅读法，就是在读了一本自己感兴趣和喜欢的书之后，追踪该作者、该类题材或该领域其他相关书籍，扩大阅读的广度，加深阅读的深度。阳光姐姐的系列丛书之所以一直深受中小学生的喜爱，一方面是因为书中描写的场景与中小学生的日常生活、学习场景相契合，另一方面，也在于其具有很强的情节性和故事性。对于小学低年级阶段的学生来说，这类书无疑能让其始终保持强烈的阅读兴趣和欲望，通过大量阅读，能迅速提升中小学生识字量、阅读速度和阅读效率，为阅读习惯的养成奠定必要的能力基础。到了高年级阶段，如果小读者喜欢读某位名人的传记，可以推荐其阅读更多传主自己撰写的书，乃至与其师友有关的书，也能达到强化阅读兴趣，形成持久、稳定的阅读习惯的目的。

老师在课堂讲解某篇课文时，可以向学生推荐若干篇泛读或者精读文章，让学生按照泛读和精读要求自行阅读。这种阅读不需要老师进行讲解，但可以通过师生共读、家长共读等方式就文章的内容和创作手法进行课后讨论，以巩固阅读效果。

二、阅读能力的学校培养

理解能力是体现阅读能力高低的主要指标。良好的阅读能力，不仅指能流畅地进行自主阅读，而且能充分理解和正确把握阅读材料的中心思想和内容。语文老师通过课堂的教学，帮助学生逐步获得理解字、词、句、篇的能力，发展出初步分析、综合、抽象、概括阅读材料的能力。

---

① 朱光潜.朱光潜谈读书[M].北京：中国青年出版社，2012：34.

语文课程应当重视背诵能力的训练，因为背诵不仅能提高记忆力，而且能加深对课文的理解和感受，同时也是积累知识的重要方法。复旦大学附属中学特级教师、上海写作学会副会长黄玉峰认为语文教育就是要重视背诵。现代人的学习和生活节奏越来越快，很多家长和老师越来越不重视背诵，认为背诵需要花时间，而学生要学习的内容又比较多，在这种思想的影响下，不少学生的阅读容易浅学辄止。大脑开发是记忆力先开发，通过反复训练记忆很多种东西，记忆力就会不断地提高。中小学生要利用在校学习的时间把基础打牢，背诵表面上看起来很花费时间，节奏比较慢，其实这个“慢”才是真的“快”，正是应了“磨刀不误砍柴功”的古训。语文的学习是个长期积累的过程，必须下死功夫，多背，多读，多写。儿歌、童谣、唐诗、宋词、经典散文等，语言的节奏感和音乐感都非常强。当学生的大脑中积累了大量的阅读素材，彼此就会形成联结，在应用的时候可以采取拿来主义，反复地练习，就会形成自己的积累，运用起来会愈加灵活，在说话或写文章时，积累的话语或素材就会脱口而出，正如苏东坡所讲的“腹有诗书气自华”。如果腹中空空，则会词汇匮乏，言语无味。

阅读，是一个由量变到质变的渐进过程。就像葡萄酒需要慢慢发酵一样，教师、家长、学生当以享受阅读的姿态沉入阅读，甚至不妨抱着好玩、游戏、放松的态度，不必如古人般把阅读当作一件神圣无比的事情，这样，每个人阅读的每分每秒都会有丰厚的回馈，或知识，或精神，或心情。

自主阅读是阅读主体独立自主完成阅读的过程，也是学生通过阅读与作者进行对话的过程，同时，也是学生不断进行自我认知的过程，甚至会因对文本的深度解读而读出言外之意，实现对文本内容和意境的拓展和迁移。自主阅读的内容、范围和方式自由多样，但对于学习阅读的中小学生来说，仍然需要接受教师、家长或其他专业人士的指导和干预，包括阅读书目的提供、阅读方法的传授等。阅读指导过程中，推荐与学生阅读能力相匹配的读物显得尤为重要。将难度合适的作品与能力相当的读者相匹配，对于学生的自主阅读极其重要。学生的阅读能力不必与读物的阅读难度一一对应，但如果一直选择与自己阅读能力相当甚至低于自己阅读能力的读物进行阅读，对阅读能力的提升则帮助甚微。这也是为什么很多孩子喜欢阅读，但写作能力、理解能力一直得不到提升的根本原因，因为他们习惯了舒适阅读。这种阅读不需要动脑子，看个热闹就好。因此，老师应根据学生不同的年级阶段和个体阅读能力的差异，选择难度适中的读物推荐给学生阅读，既要避免学生因阅读内容太过晦涩或艰深而失去阅读的动力，也要避免因内容太过简单导致阅读能力停滞不前的情况发生。

自主阅读给予读者读物选择的自由和解读作品的权力，大部分学生通过长期的阅读，最终会拥有选择适合自己阅读且能保证阅读流畅性作品的能力。中小学生经过足够数量的阅读，阅读素养自然会得到提升，驾驭经典文学作品的能力会越来越强，最终建立起持久的阅读习惯。

三、引导学生进行主题阅读

语文老师可以结合教材内容推荐读物，将课内教学与课外阅读相结合，如学习了鲁迅先生的《三味书屋》，可以引导学生阅读《朝花夕拾》，学习了《狂人日记》，可以推荐学生阅读《呐喊》，继而推荐阅读《故事新编》《野草集》等。通过这种由点及面的阅读，学生对作家的语言风格和创作手法会进一步了解，经过大量、反复的阅读，学生在习作中会不由自主地模仿名家的文字风格，与此同时，阅读视野会得到有效拓宽，阅读能力会得到有效提升。教师在课堂上指导学生学习《狐狸和乌鸦》，可以推荐学生阅读《伊索寓言》《克雷洛夫寓言》《安徒生童话》《格林童话》等同类文学体裁的作品。通过课内学习与课外阅读的有机结合，激发学生的阅读兴趣，让学生体会不同的文学作品体裁所具有的独特的艺术形式，同时感受真善美等美好品格对学生人格的熏陶。

可以抓住重大事件及时引导学生阅读。如曹文轩获得安徒生文学奖时，可以集中推荐曹文轩作品，如《草房子》《青铜葵花》等。莫言获得诺贝尔文学奖时，社会上掀起莫言作品阅读热，但是，莫言的很多作品，包括《红高粱》等小说并不适合小学生和初中生阅读，他的散文中小学生可以阅读。《晚熟的人》作为非虚构作品，文字非常精练，初中及以上年级学生可以阅读。

为了激发学生的阅读兴趣，可以通过观看电影、电视剧、动画片等方式引导学生进行文本阅读。中国四大古典名著《西游记》《红楼梦》《三国演义》《水浒传》都被拍成电视剧，学生通过观看电视剧，对名著生动、鲜活的故事情节、人物形象有了了解，再去阅读原著，会更容易理解和接受。对于小学低年级同学可以引导他们阅读21世纪出版社出版的《科学实验王》、北京少年儿童出版社出版的《可怕的科学》等系列漫画丛书，内容涉及物理、化学、地理等各方面知识，印刷、装帧精良。

学校和老师应尽可能拓展学生的阅读空间，不能将学校图书馆（室）和教室作为学生阅读的唯一场所，学校的很多空间都可以成为阅读空间，如教室的走廊、食堂里的休闲区等；还应拓展学生的阅读时间，不能将课堂学习作为阅读的唯一时间，除了早读，中午和课余时间都可以进行充分利用。合肥市第七中学将教学楼的二楼连廊开辟成书吧，分别取名“芸签小驿”“缥缃小栈”“尔雅小苑”。“芸签”“缥缃”“尔雅”分别指书签、书卷和词典，都与书息息相关，一种崇尚读书的格调自然流露。书吧里的图书由同学自愿捐赠，各班级志愿者参与管理和维护，配以绿植和舒适的阅览桌椅。开放式书吧不仅为学生们创设了自由阅读的空间，也为他们在紧张的学习之余提供了交流、沟通的场所。

图 4.1　合肥市第七中学学吧：缥缃小栈

图 4.2　合肥市第七中学学吧：尔雅小苑

四、引导学生进行经典阅读

语文老师可以举办经典阅读周活动，让学生持续一周或以上时间集中阅读同一位作家的作品。学生通过阅读经典作品感受语言文字之精妙，通过赏析经典作品的写作风格走进经典作品的文字世界，也是经典导读的重要内容。经典的价值体现在其原创性和不可替代性，因而应尽量阅读原著。鲁迅小说中那种对悲剧人物的“哀其不幸，怒其不争”的悲悯，沈从文描绘的湘西世界中洋溢的对大自然和人本初生命的大爱，朱自清的《背影》唤起多少学子重新审视亲子关系，特别是处于青春期和升学压力下的中小学生。经典作品中作者历经磨难而不改对生活的热爱，对理想和未来的追寻都和中小学生的精神世界息息相通，让他们的意志得到磨练，精神世界更加丰富。

经典作品由于不断地出版，导致版本各异。教师在对学生进行导读的过程中，应当就具体的版本进行推荐，可参照历代名家的推荐书目，从中获得指引，也可参照不同专业领域专家学者们的意见进行选择。北京大学中文系教授、中国现代文学研究学者钱理群主编的名家文学读本小学卷，由浙江少年儿童出版社出版，包括丰子恺、鲁迅、叶圣陶、巴金、老舍、朱自清、萧红、沈从文、冰心、汪曾祺等10位现当代作家的作品。广西教育出版社出版的由钱理群、王尚文等主编的《新语文读本》(初中卷)、《新语文读本》(高中卷)，自2001年3月正式出版，2006年重新修订，增加了选文的经典性，加强了初中卷的科学性专题比例，汲取了最新的学术研究成果，开辟了新的专题。上述丛书均侧重于加强学生正确、准确运用汉语能力的训练，养成健康、文明的语言表达方式，以应对全球化和网络化背景下汉语的危机。该系列的读本既着重于培养学生的语感，同时也致力于给学生以生命的亮色，在感性积累的基础上，引发学生进行理性思考，引导学生面对生活中的严峻，树立基本的人生信念。选文面向民族和世界的经典文本，体裁丰富多样，包括书信、演讲稿、科技小品文、文言作品等。

中小学生尚处于学习语言的起步阶段，通过阅读上述语言大师或名家的经典作品，可以培养纯正的语言趣味和感觉，有助于他们体会汉语言的纯净和优美，最终习得纯正、典雅的口语和书面表达能力。上述作家的作品无不洋溢着人性的光芒和赤子之心，饱含了对弱者的同情，倾注了对生活的热情，对生命的热爱，字里行间弥漫着对理想的追寻，让中小学生在阅读过程中生发出对生命的敬畏和礼赞。

五、培养学生的数字阅读素养

数字阅读指通过手机、平板电脑、电子阅读器等设备，对网络文学、电子小说、有声读物等以文学表现为内容来源的数字信息进行在线或离线的阅读行为。对于中小学生的数字阅读，家庭、学校均持审慎态度，原因在于以下几点：绝大部分教师和家长认为数字阅读影响学生的视力健康，尽管缺乏科学依据，但长时间使用电子或阅读设备确实存在影响视力健康的隐患；中小学生自制力较差，丰富多彩的数字生活不仅容易分散他们的注意力，而且极易被他们用来从事打游戏，看动画片、电影，网上聊天、交友、听歌、追番等娱乐性活动；数字读物质量良莠不齐，中小学生大都不具备足够的判断能力。有些信息或知识没有经过论证就进行传播，容易以讹传讹，一些低俗、恶俗的网络小说甚至会侵蚀中小学生的身心健康。

2020 年暴发的新冠疫情，全世界绝大部分地区开启了线上学习模式，这对中小学生的数字化学习能力提出了要求。在线教育系统的构建为数字阅读提供了良好的资源与平台，而数字阅读习惯的养成可以为数字化学习提供坚实的基础。

学校应将培养高素质的数字公民纳入教育的目标体系。数字教育的目的不仅是掌握基本的计算机操作技能和满足生存的需要，还需要在重视计算机和网络知识、技能以及媒体信息素养的同时，丰富知识并加强高层次能力的培养，这其中就包括数字阅读能力的培养。教师要积极面对数字阅读带来的挑战，对数字阅读保持开放的心态。教师对数字阅读的态度越积极，给予指导越多，学生对数字阅读会更乐意接受，并能在教师的引导下阅读优质的数字资源，提高跨媒介分享与交流的能力，提高理解、辨析、评判媒介的能力。具体可从以下四个方面进行指导：

首先，学校应在信息技术课程中增加有关“数字阅读指导”课程，帮助学生掌握信息检索的方法和技巧，提升学生运用数字资源的能力，指导中小学生正确对待数字阅读。在日常教学中，教师可以将数字阅读与纸质阅读结合起来融入课堂，如四大古典名著，可以推荐阅读能力暂时达不到阅读原著要求的学生去听有声书，如喜马拉雅上的数字产品。

其次，培养学生在数字环境下的书写能力的规则意识。加强学生对网络信息资源的辨识能力，传授辨别虚假信息的策略和技巧。倡导学生遵守网络书写规则，树立正确的信息分享、传播态度，做到不良、不实信息不分享，不良甚至错误价值观不传播。在自由书写时，可以使用浅显易懂的通俗语言，但不应将庸俗、低俗、媚俗、恶俗当作哗众取宠的噱头。

再次，为中小学生提供高质量、高营养的数字阅读资源。网络信息资源体量巨大，但大部分内容高度同质化，文本质量参差不齐，真正适合中小学生阅读的高质量资源稀缺。对于数字阅读，中小学校要从源头上加强资源的建设和管理，国家图书馆、各省/市图书馆、市县级公共图书馆均有电子资源可以供中小学图书馆共享。通过省、市、县级的中小学图书馆网络坐标系，实现教育系统内中小学图书馆电子资源的共建与共享，在横向上实现与公共图书馆、高等院校图书馆等馆际资源的对接，从而为中小学图书馆构筑起强大的电子资源保障体系。有条件的学校图书馆，可对数字阅读资源实行分级制度，通过家长、老师、教育工作者、出版和传播部门的共同努力，为中小学生提供高质量、高营养的数字阅读资源。

最后，教师应主动了解并掌握中小学生现阶段的数字阅读喜好和内容，对于自己不熟悉的数字类读物，可以与学生一起阅读，通过自己的亲身体验对阅读内容做出客观、公正的判断，这也是与学生进行交流和相互理解的有效手段。如作为网络小说被改编成电视剧的《琅琊榜》，层层推进、惊心动魄的情节让读者欲罢不能，能激起读者强烈的阅读兴趣。书中人物豫津的旷达、蔺晨的疏狂、梅长苏的执着、蒙挚的忠勇，给读者留下深刻的印象。文字明白晓畅，处处洋溢着家国情怀，男儿的担当与胸襟，非常值得阅读。

随着5G技术在阅读领域的大规模应用，数字阅读已经呈现出和纸质阅读平分天下的发展态势。中小学生作为“数字原住民”，面对数字化大潮的冲击仍然抱着回避的态度显然是不明智的。学校和教师应发挥信息技术课的专业技术教学优势、语文课堂的阅读技能培训优势，加强中小学生的数字阅读素养教育，帮助他们养成良好的数字阅读习惯，具备现代公民最基本的信息素养，以适应数字化时代终身学习的需要。

六、培养学生的口头和书面表达能力

阅读的一大作用就是提高学生的口头和书面表达能力。书面表达能力的高低和阅读量的大小一般呈正相关关系，正所谓“熟读唐诗三百首，不会做诗也会吟”。但阅读与写作又不是必然的因果关系，有些学生阅读了很多书，但仍然不知道如何写作。因为从阅读这一吸收知识的过程到输出知识的写作过程是一个复杂的转化过程，需要在老师的指导下反复训练。书面表达能力的训练根据学生年级的不断提高，可以从写一句话，到写一段话，再到写周记、写作文。课堂练习可以根据所学课文进行续写、改写或新编。如二年级下学期学生学习《狐假虎威》，语文老师要求学生对该故事进行新编。笔者的孩子写了《新编〈狐假虎威〉》，童趣十足，文笔清新动人。现摘录如下：

新编《狐假虎威》

一天，狐狸又遇到了散步的老虎。

老虎恶狠狠地对狐狸说："你这狡猾的家伙，这次我绝对饶不了你！"狐狸眼珠子骨碌一转，顿时有了主意，它说："亲爱的虎大王，您可别生上次的气了。我告诉您一个坏消息，今天早晨，我遇见了狮子，它让我告诉您，它才是百兽之王，也是森林之王，它准备请您去给它当保镖呢。"老虎一听，气得暴跳如雷，大吼道："你现在就带我到狮子那儿去，我要和它一比高下。"

狐狸带着老虎来到了狮子家。狮子见到老虎，非常高兴，说道："老兄，我们已经好久不见了。"老虎一句话不说，就把狮子打倒在地，狮子也生气了，与老虎厮打起来。狐狸趁机逃之夭夭。

老虎和狮子打得天昏地暗，最终两败俱伤，一起见了阎王。从此狡猾的狐狸又过上了自由自在的日子。

第三节　课外阅读环境的构建

我国著名的语言学家吕叔湘先生说过，他学习语文，三分得益于课内，七分得益于课外。中小学语文教材选用的篇目尽管体裁丰富，文质兼美，是优秀的阅读材料，但语文教材的篇目毕竟有限，且多为某个作家的单篇作品或某部作品的选段，不成体系。此外，学生在校时间每天最多六至七小时，能用于自由阅读的时间更是少之又少。《全日制义务教育语文课程标准》明确规定："学生九年课外阅读总量400万字以上，其中小学阶段阅读总量应不少于150万字；高中阶段课外阅读总量不少于150万字。"因此，中小学生阅读能力和阅读习惯等的培养主要通过课外阅读环境的创建才能达到熏陶和巩固的目的，特别是寒暑假长达3个月的自由支配时间，更是他们提升阅读素养的黄金时间。

作为一个有责任感的语文教师，如何从学生的阅读兴趣研究入手，在尊重他们阅读旨趣的前提下，因势利导，把真正适合学生阅读，且能引起学生共鸣的优秀图书，推荐给教师，就成为教师责无旁贷的使命。

中小学校可通过设立读书节、图书角等方式优化校园阅读环境，推动书香校园建设。注重开展形式多样的阅读活动，提高学生阅读兴趣，培养良好阅读习惯。发挥家长在学生课外阅读中的积极作用，营造家校协同育人的良好氛围。建立阅读激励机制，各地教育行政部门应将书香校园建设表现突出的单位和个人纳入相关表彰奖励中，学校要采用适当的形式表彰在阅读活动中表现突出的师生。具体来说，中小学课外阅读环境建设可以从以下方面进行：

一、倡导中小学生进行课外诵读

2007年6月国内第一套儿童诵读读本《日有所诵》诞生。低年级阶段《日有所诵》中的选文，多以童谣、童诗、儿歌为主，内容浅显、有趣，节奏明快、押韵，朗朗上口，易于诵读，与该学段学生对语言节奏、韵律的需求非常契合。低年级段学生通过反复诵读该类文本，可以获得愉悦的情绪和体验，激发其学习语言的积极性。

小学中年级阶段《日有所诵》的选文多为儿童诗，有描述日月星辰、四季变化的，有描述大自然中一草一木、一花一果、鸟兽虫鱼的……篇幅短小精悍，语言依旧活泼，可以赋予儿童美感、愉悦感。另外，该学段的《日有所诵》还增加了哲学性文本的诵读，如印度著名诗人泰戈尔的《飞鸟集》、黎巴嫩著名诗人纪伯伦的《沙与沫》。这些哲理诗多将抽象的哲理蕴含于鲜明的艺术形象中，内容深沉、隽永，读来发人深省，耐人寻味。学生通过反复诵读，获得语言的浸润、语感的培养、性情的陶冶，在诵读中学会思考。

小学高年级段的《日有所诵》选文包括中国现代散文、外国散文、中国现代诗歌、外国诗歌、历代诗词、元曲小令、古代散文、古代寓言等，题材丰富，开阔学生视野，并给学生提供全面的滋养。有的文本虽然篇幅的长度、内容的深度有所增加，但对五、六年级的学生来说，这些并不足以形成障碍。

小学阶段除了《日有所诵》读本，《三字经》《笠翁对韵》《千家诗》均可作为小学生的诵读材料。初中阶段语文教程开始文言文学习，可以要求学生进行背诵，甚至要求默写。对于节选的文章，教师可以将原文推荐给学生诵读，如《唐诗三百首》《论语》《大学》《孟子》等典籍中的相关篇章。

高中阶段的文言文主要选自《诗经》《楚辞》《古文观止》等古代文学典籍，难度都比较大，学生可以反复吟诵，不必强行要求每篇都进行背诵。

中小学生从诵读童谣、童诗开始不断扩大诵读题材范围，包括现当代诗歌、古典诗歌、经典原典，实现阅读能力的层级式发展。

二、举办中小学生阅读和写作类比赛

为了让中小学生保持持续的阅读兴趣和恒久的阅读习惯，各地宣传部门、教育部门、教学研究机构可组织中小学生参加各类阅读和写作比赛，如中央电视台科教频道推出的大型益智竞赛类节目《中国汉字听写大会》《中国成语大会》《中国谜语大会》《中国诗词大会》等，各中小学可动员或组织学生积极参加。学校可集体组织学生参加写作类大赛，通过比赛加强学生写作能力训练，激发他们的写作热情。影响力、公信力比较大的如“叶圣陶杯”全国中学生新作文大赛。大赛由中国当代文学研究会主办、中国当代文学研究会校园文学委员会和中国少年儿童新闻出版总社《中学生》杂志社承办，已成功举办了17届，选拔了一大批文学特长生，推出了不少文学新秀，在提高中学生语文核心素养、推动素质教育方面做出了应有的贡献。大赛分初赛和决赛两个阶段：初赛采取线上投稿的方式，由学校组织实施初评，组委会在学校初评推荐的基础上聘请复评评委对作品进行复评，确定初赛获奖名额及决赛选手。获得初赛一等奖者可以申报参加现场决赛。现场决赛统一命题，限时写作，评审采取匿名盲评方式，由多名专家评委审阅打分，评出决赛奖项。优秀获奖作品通过大赛网站及微信公众平台、中国校园文学网站、中国当代文学研究网站推送，并择优在《中学生》杂志发表，编辑出版获奖作品选集。

学校和班级可以将学生的习作进行整理印刷，让学生体会作品变成铅字的喜悦。如合肥市安居苑小学黄莹老师为学生编辑整理的《拾贝集》，马鞍山外国语学校高美玉老师将每届学生从初一到初三阶段的习作择优进行整理印刷，在初三毕业前夕作为毕业礼物送给班级每位学生。

三、鼓励和引导学生自主创建读书社团或读书交流会

学校应鼓励和引导学生创建读书社团或读书交流会，通过社团定期开展各类读书活动，给学生创造更多的展示机会，如通过朗诵、话剧、小品、戏曲表演等活动形式锻炼学生的口头表达能力，展示才艺表演能力，促进学生之间的交流，增进了解，密切情感。同时，各类表演也能提升学生的审美鉴赏能力、解读文学作品的能力，开阔自己的眼界，全面提升学生综合素质。

读书会可以采取班级读书会、年级读书会、师生共读、家校共读等形式。中小学生容易受到伙伴的影响，可以通过老师推荐、家长推荐、学生推荐的方式选读某本书，集中一段时间进行阅读，利用自习课的时间对作品进行讨论，也可展出一些学生的读后感或其他作品。

共读一本书。以师生共读、家校共读的方式进行深入阅读。通过撰写读后感、戏剧表演、编排舞蹈、说相声等多元的表演方式，展现学生的文学创意与艺术表现力，进一步营造良好的阅读氛围。

图 4.3　合肥市安居苑小学《拾贝集》

图 4.4　马鞍山市外国语学校学生习作集其一

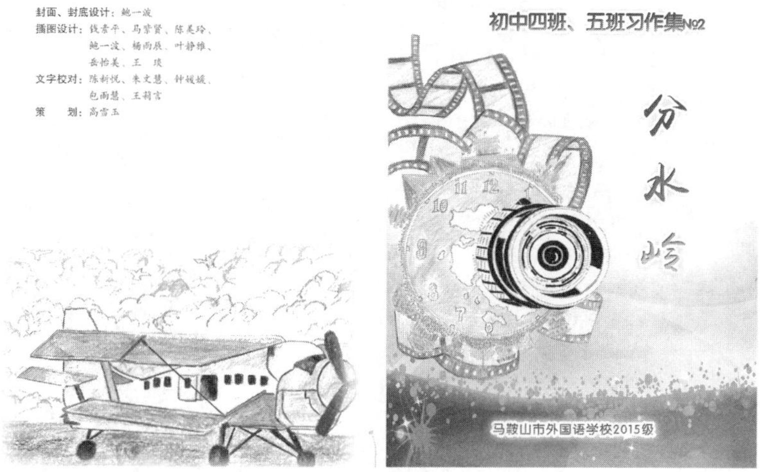

图 4.5　马鞍山市外国语学校学生习作集其二

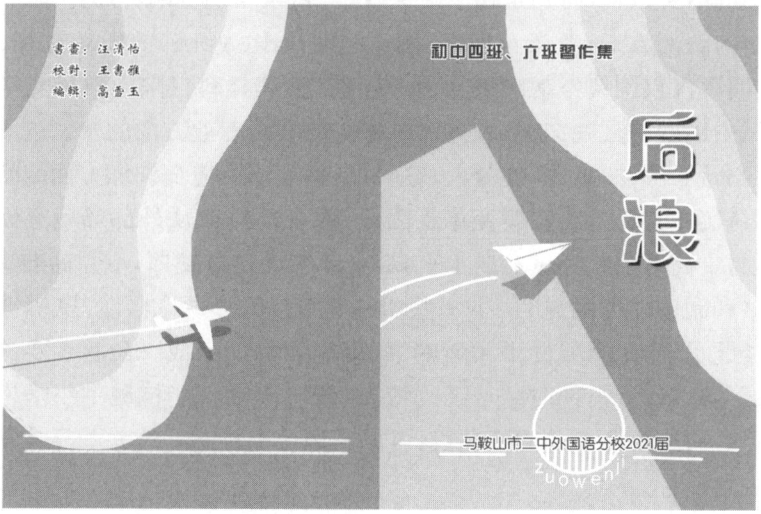

图 4.6　马鞍山市外国语学校学生习作集其三

四、开展作家或专家进校园活动

学校可以邀请知名作家为中小学生开展文学讲座，如阳光姐姐伍美珍、童话大王郑渊洁等，也可以邀请某个作家的研究者，如著名的鲁迅文学研究者钱理群等。学校可以与书店建立伙伴关系，利用书店的资源开展知名作家见面会、读书会推荐书展、读书会论坛以及新书发布会等活动。

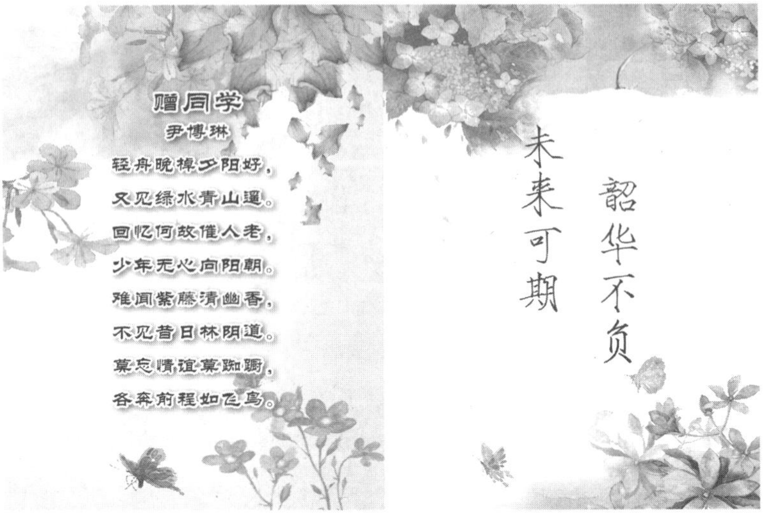

图 4.7　马鞍山市外国语学校学生习作集其四

目前的语文教学，特别是初中语文教学，紧紧围绕考纲转，阅读教学倾向于肢解文本的解剖方式，考点对考点；阅读过程简化为纯粹的做题过程、讲题过程；考试阅读仅仅围绕考纲中的几道考题转；阅读材料仅限于教材文本和历年重大考试中出现的真题文本；大量针对师生的阅读专业方面的专家讲座主要停留在如何命题、解题、猜题、提分上。这只是基于语文应试训练方面的阅读量加大，并不是实质意义上的阅读变革。因此，教育部门应从外部环境方面着手改革，如提高中高考语文考试命题水平，部分题容许自行发挥，不要标准答案。考查阅读量和阅读能力的题目，少一些机械记忆，多一些综合性、思辨性能力要求。这类题目，学生只要读了大量的书，就能较好地完成。命题者要参照国际阅读测试的命题趋势，同时结合汉语特点，研制出真正能检测中小学生阅读能力的题目。研制高质量的阅读题目，可以从源头上杜绝一线教师靠大量刷题获取高分的可能性。

五、开展研学游活动

研学游活动由研究型学习发展而来。研究型学习按照字面意思，是指研究性学习或者说研究型学习，最早起源于美国，20 世纪 80 年代，这种教学模式被列为美国基础教育改革的重要内容之一，业界甚至认为研究型学习是促进美国科技创新发展的重要路径。我国于 2001 年引进该学习方式，又称“做中学”，就是让学生在动手、动脑的实践操作中，将学校、课堂和书本中学到的知识应用于解决现实中的问题。

国务院办公厅于2013年发布《国民旅游休闲纲要》，正式提出“逐步推行中小学生研学旅行”的建议，2016年11月，教育部等11个部门联合印发《关于推进中小学生研学旅行的意见》(以下简称《意见》)。《意见》规定中小学生研学旅行的组织部门为教育部门和学校，采取集体旅行和集中食宿的方式开展，目的是将研究性学习和旅行体验相结合，是一种校外教育活动。2017年12月6日，教育部办公厅公布第一批全国中小学生研学实践教育基地、营地名单，同时将“研学旅行”定位为“研学实践教育”，要求各中小学要把研学实践纳入学校教育教学计划，研学实践时间可以根据教育教学计划灵活安排，一般安排在小学四至六年级、初中七至八年级、高一和高二年级。同时要求建立健全中小学生研学实践活动的评价机制，并将评价结果逐步纳入学生综合素质评价体系和学生学分管理体系。

研学游活动一般采取以区域文化体验为主的“研究＋学习＋旅游”的活动形式，参与主体是中小学生，实施的主体主要包括学校、旅行社或专门的研学旅行管理机构和文化组织等。据统计，2018年国内研学旅行人数达到400多万人，市场规模达到125亿元，研学旅行需求旺盛、市场广阔。

2017年颁布的《中华人民共和国公共图书馆法》规定：“开展面向少年儿童的阅读指导和社会教育活动，并为学校开展有关课外活动提供支持。”2018年，教育部发布《关于公布2018年全国中小学生研学实践教育基地、营地名单的通知》，国家图书馆被列入全国中小学生研学实践教育基地、营地。作为文化与历史集合地的公共图书馆，与地域文化有着紧密的联系，它不仅通过馆藏提供各种旅游信息资源，不少图书馆作为城市地标，其本身也是旅游胜地，特别是文化休闲旅游。如天津滨海新区图书馆、深圳坪山区图书馆、浙江大学的古籍图书馆等。

通过研学游活动的开展，重温历史故事和传统文化知识，将阅读与旅行合二为一；组织中小学生参观抗战遗址、乡村古建筑、“非遗”文化等游学活动，激发他们的爱国热情，培养艺术审美，发掘兴趣爱好。长三角地区的中小学生可以共同开展“阅读长三角”系列研学活动。如浙江绍兴的鲁迅故里、兰亭博物馆，南京的中山陵、太平天国历史博物馆，安徽泾县的皖南事变陈列馆、宣城云岭新四军军部旧址纪念馆、合肥的渡江战役总前委旧址、滁州市凤阳县的小岗村。这种区域性研学旅行活动通过资源共享实现服务联动，打造研学游活动跨区域合作的新模式。

全民阅读视域下，研学游活动重塑了中小学生的阅读体验，这种体验式的阅读活动创造性地将阅读推广与旅游参观结合起来，也是践行“读万卷书，行万里路”的古训。学校在开展游学或研学活动时，要根据学生的需求，出行时间契合学校的课程安排，活动内容的安排要符合不同学段学生的身心发育特点、学科教学内容的需要和地域特色，提升研学活动的质量，推进学习与旅行的深度融合。

中小学校可以与博物馆和美术馆联合开展视觉经典阅读推广活动。青铜器、陶瓷、石刻、玉器、雕塑、书法、绘画、建筑、园林、民间工艺美术、摄影、录像以及其他形式的艺术作品都可以供中小学生进行阅读，这种阅读可以视作视觉经典阅读，也是一种鉴赏性阅读，通过具体的实物展示引导中小学生了解中华传统文化的源流，从而产生文化认同和文化自信，通过耳濡目染感受到实现中华民族伟大复兴的使命感和责任感。

第五章　公共图书馆等第三空间阅读生态环境的构建

1982 年，美国社会学家雷·奥尔登堡(Ray Oldenburg)从城市及社会研究角度提出“第三空间”的概念。他将居住的地方称之为“第一空间”，花大量时间用于工作的地方称为“第二空间”，而“第三空间”则是居住和工作地点以外的非正式公共聚集场所，如公共图书馆、咖啡馆、书店、社区中心等。对于中小学生来说，第一空间为家庭，是中小学生接受家庭教育的重要场所，也是中小学生接受人生教育的开端；第二空间为学习空间，即学校，是中小学生接受学校教育的场所，也是中小学生接受系统知识学习的重要场所；第三空间包括公共图书馆、书店、社区中心等所有的公共空间，是中小学生接受社会教育的重要场所。

“社会教育“一词最早于 1835 年传入中国，是指“学校教育以外的一切文化设施对青少年、儿童和成人进行的各种教育活动”①。国际图联 1975 年将公共图书馆的社会职能概括为保存人类文化遗产、开展社会教育，对于文献的保护、保存、传播和利用负有艰巨的历史使命与不可推卸的社会责任。公共图书馆诞生以来，作为一种社会机构或社会组织，成为改变社会不公平现象的基地之一。与此同时，图书馆也是国家或政府为了保障公民的知识自由权利、知识平等权利和知识共享权利而设置的一个场所，它具有保障公民知识或信息公平获取的特殊功能。公共图书馆通过文化资源的合理配置和最大程度共享保证了弱势群体对图书文献的阅读需求，通过这种免费、公平的阅读服务促进弱势群体生存和发展能力的提升，逐步缩小信息鸿沟，促进社会公平。

公共图书馆应以馆藏文献为基础，通过建立形式多样、科学规范的阅读推广机制，参与中小学生阅读生态环境的构建，传递阅读理念，塑造阅读行为，拓展阅读空间，通过各种正式与非正式的阅读、学习活动打破时间和空间的界限，形成泛阅读空间。本章主要讨论第三空间阅读的制度环境建设、少儿图书馆(室)阅读空间环境的构建、少儿图书馆(室)馆藏资源建设、面向中小学生的阅

① 龚超，尚鹤睿. 社会教育概念探微[J]. 浙江社会科学，2010(3)：81.

读推广和中小学生泛阅读空间环境的构建等五个方面的内容。

第一节　第三空间阅读的制度环境建设

中小学生阅读素养的提升需要建立相应的保障机制，既能从物质层面为其提供物理空间、活动经费等，又能从制度层面保障中小学生阅读活动获得可持续性开展。中小学生作为全民阅读活动的一分子，享受国家关于全民阅读的所有权益规定，作为未成年人群体，中小学生同时享受公共图书馆为未成年人阅读提供的所有服务。我国中小学生第三空间阅读的宏观环境建设主要包括未成年人阅读服务的制度环境建设以及全民阅读推广工作中相关政策制度建设。

一、未成年人阅读服务的制度环境建设

国际社会对公共图书馆开展未成年人阅读服务十分重视，并不断上升到法制高度，陆续出台了一系列法律、法规保障未成年人的阅读权益。1994 年 10 月 29 日联合国教科文组织修订发布《联合国教科文组织公共图书馆宣言》规定公共图书馆的使命为“养成并强化儿童早期的阅读习惯；支持个人和自学教育以及各级正规教育”。国际图书馆协会联合(简称“国际图联”，IFLA 与联合国教育、科学文化组织发布的《公共图书馆服务发展指南》中多个条款专门针对未成年人。中华人民共和国文化部主编的《公共图书馆建设标准》(建标 108－2008)于 2008 年 11 月 1 日施行。第二十二条规定：“少年儿童图书馆的建筑面积指标包括在各级公共图书馆总建筑面积指标之内，可以独立建设，也可以合并建设。独立建设的少年儿童图书馆，其建筑面积应依据服务的少年儿童人口数量按规定执行；合并建设的公共图书馆，专门用于少年儿童的藏书与借阅区面积之和应控制在藏书和借阅区总面积的 10%～20%。”

2010 年 12 月 9 日发布的《文化部关于进一步加强少年儿童图书馆建设工作的意见》(文社文发〔2010〕42 号)规定：“少年儿童图书馆是我国图书馆事业的重要组成部分，是以广大未成年人为对象的重要的社会教育机构，是未成年人的第二课堂。”“少年儿童图书馆作为未成年人社会教育的重要基地，是少年儿童课外阅读和自学的主要场所，对学校教育起着补充、延伸、深化的作用。”各级公共图书馆都要开设专门的少年儿童阅览室。有条件的地区，要参照《公共图书馆建设标准》建立独立建制的少年儿童图书馆，要结合乡镇综合文化站建

设项目，街道（社区）文化中心（文化活动室）建设项目，国家公共文化服务体系示范区（项目）创建工作等，在乡镇、街道、社区等建设少年儿童图书馆分馆或少年儿童阅览室，努力构建包括少年儿童图书馆、少年儿童阅览室、少年儿童图书馆分馆在内的覆盖城乡的服务网络体系。上述标准的出台为少年儿童图书馆（室）保持独立的馆舍和服务空间提供了政策保障。

2012 年 5 月 1 日正式实施的《公共图书馆服务规范》（国家标准 GB/T 28220－2011）规定："公共图书馆服务对象包括所有公众。应当注重培养少年儿童的阅读习惯。"2017 年 11 月颁布的《中华人民共和国公共图书馆法》规定："政府设立的公共图书馆应当设置少年儿童阅览区域，根据少年儿童的特点配备相应的专业人员。"上述国家标准和法律法规破除了公共图书馆开展未成年人阅读服务的制度障碍，中小学生作为未成年人，同样享受上述政策的利好。

安徽省合肥市目前拥有具有独立建制的公共图书馆 3 所，分别为安徽省图书馆、合肥市图书馆、合肥市少年儿童图书馆，均为中小学生提供图书资料借阅服务。安徽省图书馆专门设置少儿部，负责少儿读物的借阅服务及开架管理，负责组织少儿阅读推广活动，开展少儿阅读指导。合肥市图书馆面向全市居民提供阅读服务，截至 2020 年底，建成投入 110 家城市阅读空间，计划为农民工子弟学校或偏远地区的贫困学生捐建 100 所"梦想图书馆"，目前已捐建 26 所。合肥市少年儿童图书馆囿于馆舍面积小，在合肥市政府的支持下，先后建立三里街民工子弟分馆、阳光小学留守儿童分馆、三十五中西藏班分馆、明光路街道分馆、常春藤实验学校分馆、徽州书局 24 小时分馆、观湖书院绘本馆等 14 所分馆。对于合肥市辖区的中小学生来说，三所公共图书馆为他们创建了优越的阅读生态环境。

二、全民阅读推广工作的制度环境建设

1995 年，联合国教科文组织正式宣布 4 月 23 日为"世界读书日"，1997 年提出"全民阅读"（Reading for All）口号。1997 年中央宣传部、文化部、国家教委等九部委联合印发《关于在全国组织实施"知识工程"的通知》，提出在全国范围内组织和实施"知识工程"，逐步形成全社会爱书、读书、利用图书馆的良好风尚，对中小学、家庭、图书馆等组织在 1997～2010 年所要实现的目标分别做了规定，成为中央政府部门倡导全民阅读的开端。2006 年，新闻出版总署会同中宣部等 11 个部门共同发出《关于开展全民阅读活动的倡议书》，标志着我国政府推动全民阅读工作进入常态化发展阶段。2008 年 10 月 28 日中国图书馆学会年会正式发布《图书馆服务宣言》，这是中国图书馆界的第一个宣言，宣言

提出“努力促进全民阅读，图书馆为公民终身学习提供保障，促进学习型社会的建设目标”。2011 年 10 月 18 日，中国共产党第十七届中央委员会第六次全体会议通过的《中共中央关于深化文化体制改革，推动社会主义文化大发展大繁荣若干重大问题的决定》中提及“全民阅读”。2012 年，党的十八大报告首次将“开展全民阅读活动”纳入我国社会主义文化强国建设。2014 年 3 月召开的全国两会首次将“倡导全民阅读”写进中央政府的工作报告。2016 年全民阅读成为国家“十三五”规划纲要中八项“文化重大工程”之一。

2017 年 3 月正式施行的《中华人民共和国公共文化服务保障法》和 2018 年 1 月起正式施行的《中华人民共和国公共图书馆法》都把全民阅读纳入立法保护、支持的重要内容。全民阅读逐渐纳入国家发展战略，成为党和国家文化建设的基础工程。

2017 年 6 月起实施的《全民阅读促进条例》规定：“国务院新闻出版广电行政部门和国务院教育行政部门应当根据未成年人身心发展状况和实际情况，制定未成年人阅读促进计划、实施方案和未成年人阅读分类指导目录。国务院教育行政部门在推进实施素质教育的过程中，应当根据未成年人身心发展状况和实际情况，加强培养其阅读兴趣、阅读习惯和阅读能力。”

湖北、江苏、深圳、辽宁、四川、吉林和深圳六省一市先后颁布了有关全民阅读的地方性法规。湖北省 2014 年 11 月 24 日颁布《湖北省全民阅读促进办法》，江苏省 2014 年 11 月 27 日颁布我国首部促进全民阅读活动的省级地方性法规《关于促进全民阅读的决定》，辽宁省 2015 年 3 月 31 日颁布《关于促进全民阅读的决定》，深圳市 2015 年 12 月 24 日颁布《深圳经济特区全民阅读促进条例》，四川省 2016 年 3 月 29 日颁布《关于促进全民阅读的决定》。目前，我国文明城市建设工作已经将全民阅读纳入测评体系，相当数量的县一级以上人民政府将全民阅读列入本级发展规划和年度财政预算。截至 2020 年 1 月，我国已有 13 个省、市针对全民阅读制定了专门的地方法规及规章（含草案），其余省、市也已处于全民阅读立法工作的提案和调研阶段。

2021 年 3 月“全民阅读”第八次被写入《政府工作报告》。上述有关全民阅读地方性法规，与国家层面的相关政策法规形成上下呼应之势，为立体、深入推进全民阅读工作提供了法制保障。

第十八次全国国民阅读调查报告显示，“2020 年 0～8 周岁儿童图书阅读率为 71.4%，较 2019 年的 70.6%提高了 0.8 个百分点；9～13 周岁少年儿童图书阅读率为 98.7%，较 2019 年的 97.9%提高了 0.8 个百分点；14～17 周岁青少年图书阅读率为 89.7%，较 2019 年的 89.1%提高了 0.6 个百分点。综合以上数据,2020 年我国 0～17 周岁未成年人图书阅读率为 83.4%,较 2019 年的 82.9%提高了 0.5 个百分点。对未成年人图书阅读量的分析发现,2020 年我国 14～17 周岁青少年课外图书的人均阅读量最大,为 13.07 本,高于 2019 年的 12.79 本;0～8 周岁儿童人均图书阅读量为 10.02 本,高于 2019 年的 9.54 本;9～13 周岁少年儿童人均图书阅读量为 9.63 本,高于 2019 年的 9.33 本。综合以上数据,2020 年我国 0～17 周岁未成年人的人均图书阅读量为 10.71 本,比 2019 年的 10.36 本增加了 0.35 本。"上述数据表明未成年人阅读工作在家庭、学校和社会各界力量的共同推动下获得持续性发展,成绩斐然。

第二节　少儿图书馆(室)阅读空间环境的构建

为中小学生提供阅读服务的少儿图书馆(室),一般只对 18 周岁以下儿童提供阅读、交流、探索需求服务,其环境建设以尊重并赋予儿童权利为基础,一般包括室内公共空间、阅读空间等。全媒体时代,少儿图书馆(室)阅读空间环境从物理环境延伸到虚拟空间。具体来说,少儿图书馆(室)阅读空间建设应遵循以下原则:

一、物理空间阅读环境建设符合学生的安全要求

安全性是少儿图书馆(室)建设的首要因素,一切有关设施、活动都应以保障儿童安全为基本条件。这里的安全既包括儿童生命安全,也包括卫生安全。具体来说,主要包括以下几方面:

(1) 用电安全。鉴于儿童的活泼好动,好奇心强,少儿图书馆(室)要保证各类用电的安全,所有插座应加上保护盖,安装在儿童不易接触到的地方。

(2) 保持空气清洁。随着国家对文化建设支持力度的加大,不少省市县所在地纷纷新建或扩建图书馆。此外,"互联网+"环境下,图书馆面临从传统图书馆向智慧图书馆转型的发展,各馆纷纷进行空间再造。新建、扩建或空间再造用到的建筑材料释放的气体会造成程度不等的室内污染。因此,图书馆的建筑或装饰材料要按照绿色、环保、低碳的标准进行采购,室内摆放绿色植物,保持良好的通风。在新馆或新的空间投入使用前,应请专业部门对环境进行环保测评,确保达到安全开放条件才能面向儿童读者开放。室内应多开辟窗户,促进空气流通,保持室内卫生。

（3）阅读空间可以采取屏蔽手机信号、无线信号等手段。

（4）采购图书时应选择印刷、装帧质量符合国家出版物质检要求的读物。纸张、油墨和粘胶剂是甲醛的主要释放源，目前的新书大量使用插图，油墨会散发出刺鼻的味道。有研究指出，一本 2 厘米厚的新书一小时可释放出 1 克的甲醛。纸质图书，特别是年代久远的图书，由于保存时间长，可能会发霉、变潮，书的背胶也会产生污染。杨春玲在《图书馆环境污染与防治》一文中指出书刊彩色封面的含铅量超标 13.6 倍，因此，购买儿童类书刊应坚持安全至上的原则，出版部门应强制要求儿童类书刊资料均应按照绿色印刷标准进行印刷、出版。建议图书馆在新书入馆后，拆除封面塑封，放在通风处晾一段时间再上架。

（5）购置图书除菌机、紫外线日光灯等设备，对流通的图书资料进行清理，对在架图书进行常规除尘和消毒。

随着城市居民生活条件和环境的改善，家长对子女的教育和身心健康空前重视。笔者的一位同事在高校图书馆阅览部门工作，但她女儿读的书基本是自己花钱购买的。问及原因，她告诉笔者是因为图书馆的书不够卫生，可能书上会有灰尘、螨虫等。鉴于此，图书馆在经费允许的情况下，应优先考虑购买自助式图书消毒机，通过紫外线杀菌、活性炭吸附异味除去书中的灰尘和各类细菌。安徽大学图书馆购买的自助式图书消毒机对一本书进行消毒只需半分钟，每次最多可放 4 本书，图书消毒机不仅能消灭掉书本封面的细菌，还能自动翻页，对每页纸进行杀菌，从第一页到最后一页彻底完成杀菌流程。消毒完毕后，书本页面摸上去感觉有些温热，还能闻到一股清香，在一定程度上解决图书卫生问题。

二、物理空间的功能设计和布局符合学生的身心发展特点

少儿图书馆（室）的空间利用、功能设计和设施布局等应充分考虑各年龄段、各学段儿童的天性和身心发展规律，通过营造友好的阅读、交流氛围促进儿童的天性发展。阅读空间的文献资源能够满足儿童阅读需求，能为他们提供人身安全保证、符合人体结构学、具有童趣的空间设施。空间利用要注重空间界面、建筑立面、指引标志、阅览设施、卫生设施、照明设施、清洁设施以及植物配置等多个方面，打造色彩明亮、丰富多彩的儿童喜爱且兼具安全性的空间。公共空间指具有一定规模，能够保证儿童安全，可提供儿童游戏、休憩设施的场所，包括室外活动空间与室内活动空间。

阅览室的布置在兼顾中小学生生理、心理发育特点的基础上，遵从整洁、美观、安全、卫生、安静、经济等原则，一方面可营造良好的阅读氛围，另一方面，能

让他们感受到建筑美、装饰美，从而提高审美情趣。此外，阅览桌椅的摆放要注意光线的射入角度以及桌椅之间的间距，应采用旁射的光线，避免直射，保护中小学生的视力健康。

2016 年国务院办公厅印发的《全民科学素质行动计划纲要实施方案(2016～2020)》进一步要求“加强科技场馆及基地等与少年宫、文化馆、博物馆、图书馆等公共文化基础设施的联动，拓展科普活动阵地”。

图 5.1 合肥市图书馆活动：“探索星空——城郊观星”

三、虚拟阅读环境的多元化建设

在网络技术和通信技术的推动下，读者可以自由选择业余时间的利用方式，自由确定阅读渠道和阅读方式，追求良好的阅读体验成为读者选择阅读行为的主要理由。因此，公共图书馆应将阅读体验的丰富与提升作为开展中小学生阅读推广工作的首要目标，并据此建设少儿图书馆(室)阅读空间环境。

图5.2 合肥市图书馆活动：“春季星空——星系漫游”

少儿图书馆（室）的读者群体主要由中小学生、中小学生家长或监护人构成，其多元化阅读场景的建设可以兼顾读者群体多元化的特点。就物理场景建设来说，应该允许家长或监护人和儿童一同入馆借阅或阅读。由于场地的限制，大多数图书馆不能满足这一要求，对于小学低年级阶段的学生来说，缺少父母或监护人的陪伴和指导，如果馆员没有时间或精力指导儿童阅读或借阅，阅读效果会大打折扣。因此，就阅读区域来说，图书馆应尽可能创设亲子阅读空间，增设较为封闭或半封闭的亲子共读空间；增加便于亲子阅读的高矮搭配桌椅。安徽省立儿童医院脑瘫病区的图书室为读者提供纸张、画笔、橡皮泥，当小读者不愿意阅读时，可以选择画画、手工等艺术创作活动。事实证明，大部分儿童对画画表现出比阅读更大的兴趣，特别是尚不具备独立阅读能力的儿童。很多公共图书馆都设置有电影室，定期播放适合儿童观看的各类中外电影，深受儿童的喜爱。

图书馆可以将阅读活动空间进一步拓展到户外。2020 年全民科学素质纲要实施工作办公室印发的《2020 年全民科学素质行动工作要点》又一次明确要求“推动科技场馆、科普教育基地等与青少年宫、文化馆、博物馆、图书馆等公共文化基础设施联动”。2020 年度全国科普日的主题为“决胜全面小康，践行科技为民”。为响应上述号召，自 2020 年 9 月 13 日起，合肥市图书馆、合肥市图书馆学会主办的新庐讲坛举办系列天文主题科普讲座以及天文望远镜实地观测活动，主讲嘉宾为曾经担任中国科学技术大学天文协会副社长的李瑞成老师。2020 年度开展专题讲座 5 场，分别是《天问一号发射和火星的探索》《天文望远镜的原理和现场观摩》《神奇的陨石和流星雨/木星和它们的卫星们》《星座传奇》《星团星云星系探索/系外行星和外星生命探索》。2020 年 11 月 7～8 日组织小读者到合肥市长丰县马郢村开展“一天零一夜”天文主题营活动，这也是合肥市图书馆研学活动的一部分，受到中小学生和家长们的热烈追捧。

全媒体时代，信息资源不断丰富，信息交流渠道越来越多样化，读者的角色也随之发生转变，从单一的信息接受者变成集信息制作者、评论者、传播者于一体。这种转变一方面满足了读者对馆藏资源和服务体验等的要求，另一方面促进了社会化阅读的快速发展。社会化阅读作为一种知识分享与传递方式，与传统的以纸质资源为主要载体的阅读方式相比，借助互联网的多元传递渠道和丰富的表现力促进读者之间进行多方位的互动。全民阅读活动发展到今天，逐渐融入中小学生的日常和学习生活，在今后的发展过程中，应进一步突破场地和空间的限制，不拘泥于纸质书刊、实体图书馆等，重视多元化阅读场景建设，包括物理场景和虚拟场景建设。

网络技术的发达以及新冠疫情的全球暴发与流行，线上学习成为线下学习有力的补充，各级公共图书馆应及时调整服务方式，大力拓展线上服务，开辟各种形式的虚拟阅读场景。图书馆可以通过创建读者 QQ 群、微信群等方式集结家长和中小学生读者，开展线上读书会，举办新书荐读大赛、书评、绘画展、朗诵比赛等阅读推广活动，邀请著名作家、儿童阅读推广人、教育学家、儿科医生、心理医生等不同职业者通过线上报告的方式，为中小学生读者和家长提供教育、阅读、健康等方面的专业指导。图书馆可以通过直播、发布小视频等方式推荐馆藏图书，或者邀请名人名家就某本书进行导读推荐。如深圳坪山图书馆首任馆长、哲学家、作家、教育家周国平先生的每周领读。线上阅读场景的开辟，突破了物理空间的限制，可以惠及更多的少儿读者、家长、老师和少儿工作者。

第三节　少儿图书馆（室）馆藏资源建设

公共图书馆吸引中小学生前来阅读的最大优势是丰富的馆藏资源。国家图书馆发布的“中国小学生基础阅读书目”，分别按照小学 1～2 年级、小学 3～4 年级、小学 5～6 年级，推荐了 30 本基础阅读书目和 70 种推荐阅读书目，读者可以根据自己的阅读偏好，选择心仪的读物。图书馆除在图书馆网站定期公布“推荐书目”“好书榜”外，可以通过张贴海报发放阅读指南、导读手册、宣传册等方式，依托网络、微信、微博等媒体，对优秀译本、知名译者以及优秀出版社进行重点推介，培养中小学生的版本和精品图书意识。少儿图书馆(室)馆藏资源建设应坚持以下几点：

一、馆藏资源采购的标准

少儿图书馆(室)作为社会教育的重要机构，对家庭教育、学校教育起着补充作用，在馆藏资源建设方面要全面。由于绘本图书价格昂贵，可全面收集。国家图书馆编制的《少年儿童图书馆(室)基本藏书目录》，可以作为各级少年儿童图书馆文献入藏的参考。

(1) 文学类著作的采购。我国每年有大量图书出版，流行读物和畅销书籍层出不穷，对于中小学生来说，好比是“乱花渐欲迷人眼”。因此，少儿图书馆(室)的馆藏资源成为中小学生选择读物和购买书籍的重要参考。文学类著作包括通俗类和经典类著作，采购时两者不可偏废。畅销类图书可以选择名家的作品，或者优质出版单位出版的作品，一般来说质量可以得到保证。经典类文学著作则需要选择合适的版本。受利益驱使，有些出版单位或个人在对名著进行改编或缩写时态度极其不端正，作品粗制滥造，对于缺乏鉴别能力的中小学生来说，这类读物对他们的阅读不但没有益处，反而会让他们获得错误甚至有害的知识。所以，图书馆采编人员一定要严格把关，选择最优质、最合适的书籍奉献给读者。

(2) 科普类图书的采购。2002 年 6 月颁布的《中华人民共和国科学技术普及法》规定，“新闻出版、广播影视、文化等机构和团体应当发挥各自优势做好科普宣传工作，图书馆等文化场所应当发挥科普教育的作用”，对图书馆科普教育的职责做了法定要求。因此，少儿图书馆（室）应加大科普类读物的采购力度，包括图书和报刊。

（3）红色经典书籍的采购。红色经典书籍内容涵盖新中国在各个历史阶段奋斗、建设的全过程中产生的各类题材的书籍，不仅包括革命题材，还包括党史、国史、军史，社会各行各业、各个领域在新中国建设过程中取得的成就、各类先进人物。作品体裁包括小说、诗歌、话剧、人物传记等。新的历史时期，红色影视、红色歌曲、红色旅游等娱乐性较强的艺术或活动形式也成为红色经典阅读的一部分。《红岩》被列入初中生必读书目，《红旗谱》《创业史》《山乡巨变》《青春之歌》《林海雪原》等被列入选读书目。

（4）外国译著的采购。外国儿童文学名著存在重复出版、版次多、书名不一致等问题，给图书馆采访工作带来不小的困难。据不完全统计，英国儿童文学作家肯尼斯·格雷厄姆的《柳林风声》自 1936 年首次译介以来，迄今已有 200 余个译本，译者众多，书名五花八门，如《柳林风声》《杨柳风》《柳林中的风声》《柳林间的风》《风语河岸柳》《柳林清风》《蛤蟆托德历险记》《鼹鼠柳林奇遇记》《柳树林的秘密》等。少儿图书采访馆员要具备古今中外基本的文学常识，了解国际著名的儿童文学家、插画家、漫画家、儿童文学研究者，了解国际儿童文学奖的获得者及其代表性，如国际安徒生文学奖、纽伯瑞儿童文学奖、卡内基儿童文学奖、林格伦文学奖、银铅笔奖等，对图书出版具有敏锐的洞察能力，选择好书的精品意识。采访馆员应拓宽信息采集渠道，通过《中国出版传媒商报》《全国新书目》《社科新书目》《新华书目报》《图书馆报》等媒体，以及中国新闻出版广电网、当当网、京东、亚马逊、豆瓣等网站或论坛，掌握最新、最全的图书出版信息；关注人民文学出版社、中国少年儿童出版社、21 世纪出版社、接力出版社、新蕾出版社、海豚出版社等优秀少儿图书出版社的官网、微博、微信公众号等新媒体，随时获取最新的图书出版信息。采访馆员还应具备一定的文学修养，广泛涉猎经典儿童文学作品，阅读儿童文学理论书籍，掌握图书版本鉴别的方法与技能，要对同一作品的不同译本了如指掌，通过阅读不同版本，比较各自的优劣，增强甄选高品质图书的判断力，为读者选择最合适的版本。

（5）区域文化资源采购。为培养中小学生了解家乡、热爱家乡的情怀，少儿图书馆（室）应致力于收集本土作家、文化名人、学术名人的著作和书籍，以及介绍当地历史文化、文化遗迹及人文资源的图书资料，形成完整的地域文化专题。地域文化资源的阅读可以提高中小学生了解当地的历史、文化、文学和风土人情，也是构成所在地区各公共图书馆馆藏资源的重要组成部分。中小学生通过阅读反映区域文化成就的各类作品，容易生发自豪感，从历史的文化传承中获得精神上的归属感。

（6）书籍的甄选可参考由国家或权威媒体主导编制的一系列好书榜单。除了中国国家图书奖、文津图书奖、茅盾文学奖等聚焦文史哲专题的图书榜单外，还有行业协会、专业报刊发布的科普、经济、艺术等专题好书榜。如中国科学技术协会评选的年度中华优秀科普图书榜、中国社会科学网评选的年度十大好书、《经济观察报》发布的年度十大好书、中国美术报网发布的年度十佳艺术好书等。

（7）利用大数据技术对读者进行精准画像。图书馆可以利用大数据挖掘技术，对图书馆 OPAC 系统中的读者搜索记录和借阅记录进行统计分析，得出读者对各类图书的借阅需求情况。此外，图书馆可以通过各类荐购系统以及图书馆微博、微信等平台广泛收集用户数据，通过大数据分析，对中小学生的阅读需求进行精准化定位，为图书采访人员提供科学、可靠的采购依据。

中小学生处于求知欲和好奇心最旺盛的阶段，别具一格的装帧设计会格外吸引他们进行阅读。此外，小学低年级阶段的儿童生性好动，因而书面及封皮要坚固耐用，同时印刷精良。

二、坚持分级排架原则

分级阅读理念起源于欧美等西方发达国家，比较有代表性的分级阅读体系包括“A～Z 分级法”“蓝思分级系统”“AR 分级系统”“GRL 指导性阅读分级体系”“DRA 发展性阅读评估分级系统”等。与西方发达国家相比，我国的分级阅读起步较晚，标准制定进程缓慢。2007 年，江、浙、沪、京全民阅读办在中国分级阅读长三角论坛上共同发布《中国分级阅读苏州宣言》（以下简称《宣言》），提出“全民阅读，儿童优先；儿童阅读，科学引领；分级标准，合力打造”。2011 年 8 月国务院制定并发布《中国儿童发展纲要（2011—2020）》（以下简称《纲要》），明确提出“推广面向儿童的图书分级制，为不同年龄儿童提供适合其年龄特点的图书，为儿童家长选择图书提供建议和指导”。《宣言》和《纲要》的发布对于促进我国分级阅读理论研究、分级阅读制度建立和分级阅读推广服务起到了积极的推动作用。

由于汉字构造形式的复杂多样，汉语言的博大精深，社会各界关于分级阅读标准的制定一直各执其辞。概括起来，大致有以下两种代表性观点：一种以北京师范大学王泉根教授为代表，认为“什么年龄段的孩子读什么书”①是儿童

① 王泉根. 新世纪中国分级阅读的思考与对策[J]. 中国图书评论，2009(9)：101-105.

阅读的黄金定律；另一种观点以南京师范大学全民阅读研究中心主任万宇为代表，认为应当摒弃"什么年龄段或年级看什么书"[①]的传统分级概念，按照汉语文本难度进行分级划分与编排。这两种观点严格说来没有对错之分，不同年龄段的中小学生具有不同的语言文字和认知水平，阅读能力和水平绝大多数处于同一水平，因此，对于绝大多数处于同一年龄段或同一学段的中小学生来说，他们可以阅读的书籍大致相同，不同的只是对于题材喜好的不同，如女生大部分喜欢文学类书籍，男生大部分喜欢历史类、军事类读物。具体到每个学生，则因所受家庭教育的不同，阅读水平和能力随着年级的升高会呈现越来越大的差异，因此，对这类学生来说，单纯地按照年级推荐书目显然不合适，应该推荐与其阅读能力和水平相适应的图书进行阅读。当然，对于中小学生来说，过于超越他们认知体验和思维水平的书还是不建议阅读，以免因理解难度过大而造成思维的混乱。

少儿图书馆（室）进行馆藏资源建设时应坚持分级排架原则。目前的课程标准提供的推荐书目、国家图书馆以及各省市图书馆推出的馆藏建设书目、点灯人教育推出的分级阅读书目、清华大学附属小学等名校推出的阅读书目均按照中小学生的年级提供不同的阅读书目。图书馆可以参照上述各类书目对本馆（室）图书进行分级排架，方便中小学生读者选择适合自己阅读的图书。此外，图书馆可以通过大数据挖掘和问卷调查等方式收集中小学生的阅读行为数据，为分级阅读研究提供第一手资料。图书馆可以与出版社和研究机构合作，对少儿类书籍的销售情况进行大数据分析，结合购买者所处的年龄段，制订具有普遍指导意义的中小学生课外阅读书籍分级书目。

少儿图书馆（室）的图书摆放应按照分级阅读的原则进行专架摆放，如绘本书、图书画、拼音类读物、畅销类小说、传统文化典籍等可以按照类别分别排架。少儿图书馆馆员应承担起为家长、教师和中小学生读者选书提供建议和指导的重任，提升中小学生的阅读效果，同时也有助于消除他们在选书过程中面临的困惑。

① 万宇，朱颖华. 汉语儿童阅读分级与西方阅读分级的差异研究[J]. 图书馆杂志，2016，35(5)：106-111.

第四节　面向中小学生的阅读推广

公共图书馆面向中小学生的阅读推广是指公共图书馆作为阅读推广活动的主体，利用全媒体技术和特定的设施设备，选择适当的阅读内容并对活动形式进行一定的设计，围绕中小学生读者开展的旨在激发中小学生阅读兴趣、培养阅读习惯、发展阅读能力的相关实践活动。阅读推广的对象主要包括中小学生及其监护人，还包括各级各类教育工作者、志愿者、图书馆馆员等。公共图书馆通过开展阅读推广达到以下目标：引导缺乏阅读意愿的中小学生爱上阅读；通过科学、专业的训练让愿意阅读但因阅读能力欠缺而感到阅读困难的中小学生学会阅读；为具有自主阅读能力的中小学生提供阅读服务。

全媒体时代，图书馆馆藏资源从过去以印刷型为主走向印刷型与数字型相融合，图书馆的管理与服务方式随之发生改变，应建立超越单一载体形式的全媒体管理体系。全媒体管理平台可以有效推动读者与读物充分互动，丰富的全媒体媒介平台提供跨媒体作品群，不同的阅读方式带来不同的阅读体验，在读者与读物之间实现充分流动，通过阅读宽度的增加，加深对作品的理解、思考，实现与传统深度阅读的殊途同归。

面向中小学生的阅读推广内容主要包括基于馆藏资源推介的阅读推广、基于用户借阅行为的阅读推广、基于新媒体应用的阅读推广、编制与推荐阅读书目、培养阅读推广人等五个方面，下面分别进行论述。

一、基于馆藏资源推介的阅读推广

图书馆作为人类知识的保存与传播机构，基于馆藏资源进行推介是公共图书馆面向中小学生开展阅读推广的主要内容。由于中小学生尚处于学习阶段，图书馆应格外重视经典著作的推介与导读。少儿图书馆（室）通过开展世界读书日活动、名家讲座、话剧表演、朗诵比赛等活动营造浓厚的阅读经典的氛围。中小学生通过阅读共同的经典著作，形成共同的价值观，产生文化认同，成为一个真正的社会共同体，拥有共同的愿景，我们的民族和国家才会更加自信和强大。

图书馆馆员可以围绕推荐书目中列举的某种经典图书，对馆藏文献信息资源进行主题性梳理并予以展现。即在推荐书目中选取某一本图书，从馆藏资源中查找关于该书创作的时代背景、作者生平，以及与该书相关的历史知识、社会背景等方面的图书资料，编制成某一推荐图书或传统经典图书的书目，主动提供给参与阅读活动的中小学生。

公共图书馆可以采取分主题的方式开展阅读推广。如 2021 年是中国共产党成立 100 周年，公共图书馆可以开展"红色教育"主题的阅读推广。具体可采取以下推广方式：建立"红色教育"主题书柜或书房，精选红色主题纸质文献集中展示；开展红色书籍阅读征文评奖活动；开展红色书籍朗读比赛活动；组织观看红色经典电影，如《小兵张嘎》《铁道游击队》等中小学生喜爱的电影；发布红色经典阅读活动荐读书单，特别推荐以反映新中国成就、各行各业英模人物、红色文学为主题的书籍。

利用大数据技术，对各类书目榜单进行分析，结合专家推荐和读者口碑，从馆藏中挑选出近些年被人忽略的优秀好书，举办"书海遗珠展"，以期让更多的读者重新发现它们，阅读并欣赏它们。如捷克著名作家雅洛斯拉夫·哈谢克的《好兵帅克》对于现在的中小学生来说是比较陌生的一本书，笔者曾经推荐给一位小学四年级男生阅读，他竟然深深地喜欢上了，而且阅读了不同的版本，又看了同名电影。诸如此类的书，都可以不断地被发掘出来，让这些被称为"睡美人"的书得以复活。

公共图书馆可以结合热点事件向读者推荐与热点相关的馆藏文献，如针对新冠疫情的暴发，不少图书馆推出系列阅读书单，内容既包括与流行性疾病相关的生物学或医学知识类图书，也包括与此相关的文学类图书，以及与情绪疗愈相关的书籍。如加缪的《鼠疫》、贾雷德·戴蒙德的《枪炮、病菌与钢铁》、约翰·M. 巴里的《大流感：最致命瘟疫的史诗》、内森·沃尔夫的《病毒来袭》等。上述书目都是关于瘟疫的书籍，通过阅读帮助学生理性面对疫情，不轻信，不盲从。疫情暴发与流行期间，人类的生活、学习、工作受到诸多限制，但通过阅读每个人都可以在思维空间里自由飞翔，把恐惧、不安消解在书本的世界里，充满对岁月静好的期待。

图书馆通过组织主题展的方式向中小学生进行馆藏推荐。活动形式主要包括绘画展、成果展、图片展、模型展、标本展等。杭州西溪湿地公园博物馆是摄影展、模型展和标本展的统一体。博物馆陈列区既有西溪湿地已发现的各类动物图片介绍，还仿照动植物生态系统创立微型生态环境模型展，还展示一些动物标本。博物馆有 4D 电影院，模仿生态环境建造，融知识性、科学性和娱乐性于一体，非常适合中小学生。

暑假期间，公共图书馆通过推荐书目，开展诸如读书会、讲故事及阅读竞赛等一系列阅读活动以及其他和学习有关的活动，鼓励中小学生，尤其是在暑假期间有阅读需求的学生，积极使用图书馆，最终养成终身阅读的习惯。

二、基于用户借阅行为的阅读推广

大数据环境使有效分析读者需求成为可能，在图书馆的OPAC系统中有大量的搜索记录和借阅记录，公共图书馆可通过抓取、聚合用户借阅行为数据并进行分析，得出具有普遍指导意义的阅读风尚，并据此开展阅读推广工作。图书馆应在对馆藏资源的借阅数据、读者个人的图书借阅数据进行分析的基础上，以读者个人的借阅数据和阅读行为数据为基础生成年度阅读报告并推送给读者，帮助用户发现自已的阅读喜好。根据读者个人的阅读旨趣和阅读偏好推荐符合其阅读期待视野的馆藏资源，从而达到深度阅读的目的。对优秀图书进行精准化推荐，提供精确化、个性化、差异化的用户服务，节省中小学生选择图书的时间，提升他们对于图书馆馆藏资源的获得感。

由于中小学生正处于学习阅读、强化阅读行为的阶段，其阅读能力、阅读习惯的形成具有很强的可塑性，因此，针对中小学生开展的阅读推广应该发挥图书馆的主动性，引导中小学生进行阅读。图书馆可以根据与读者相同或相近学段的读者阅读喜好，向其推荐其他读者的阅读书目，扩大其阅读范围，形成更广阔的阅读世界。

图书馆可以针对中小学生的儿童天性，设立阅读积分奖励。每借一本书增加若干积分，按积分高低进行排名，获得一定的积分即可获得相应增加的借阅权限，同时可以优先参加图书馆线下开展的各类阅读活动和文化讲座；可以在每年年度结束时通过线上方式进行积分抽奖或兑换活动，奖品可为图书馆自行开发的文创产品，如书签、文化衫、帆布书袋、读书玩偶等。积分奖励机制的实行可以激发中小学生的阅读热情，通过小伙伴间的相互激励养成恒定的阅读行为，最终养成良好的阅读习惯。

三、基于新媒介应用的阅读推广

全媒体环境下读者的个体阅读体验因新媒介的应用日益丰富，所以少儿图书馆(室)的阅读推广活动应以为读者创设多元的阅读体验为目标，创新阅读推广模式和活动方式。中小学生作为“数字原住民”，对于新媒介的应用表现出更强的适应性和包容性，更加重视阅读过程中的感官体验和认知体验，希望通过听觉、视觉、触觉、嗅觉等各种感觉体味阅读，通过全身心的投入达到深度学习的效果，这种阅读被称为沉浸式阅读。朗诵、听书、戏曲表演、话剧表演，以及视频互动、VR场景复原、AR现实增强技术的运用，变幻无穷的智能灯光以及立体环绕的音效等，能充分激发读者的阅读兴趣，让他们产生强烈的代入感，从而更好地理解文本所蕴含的情感和主旨，通过自我思考形成个体文化或思想的积淀。

以微博和微信公众号为主的新媒体平台，因为具有用户群体广泛、传播速度快等特点正在成为各级各类图书馆广泛使用的阅读推广模式，通过微博或微信开展用户导读、活动推介、文献服务等。新媒体在图书馆工作中的广泛应用，为图书馆提供多种媒体融合的聚合性服务提供了可能。图书馆可以通过打造全媒体阅读链条，建构阅读内容和技术相互融合的多元化平台。图书馆需整合不同媒介类型的馆藏资源，将图书内容与媒介进行精准匹配，消除不同媒介间的壁垒，为读者提供一站式服务。图书馆应致力于打通线上、线下阅读屏障，打造虚拟和现实相结合的阅读场景，通过阅读资源的合理配置，充分发挥线上阅读的广度优势和线下体验的深度优势，增强阅读的体验与效果。

读书类视频是自媒体时代公共图书馆开展阅读推广活动的重要方式，内容包括馆藏资源中某种主题或作家等的书目推荐，某本书的创作、出版过程及其内容介绍，阅读某本书的心得与感悟分享，选择阅读书目的技巧，个人阅读经验的分享，甚至可以是搜罗某种书的奇特经历，等等。总之，只要视频创作的主题和内容与书籍、阅读有关，都可以视为读书类视频。

哔哩哔哩发展到今天，成为中国年轻一代高度聚集的文化社区和视频平台，与阅读相关的视频在该平台蔚然成风。如深圳坪山图书馆馆长周国平先生定期通过哔哩哔哩视频为读者领读或推荐图书。视频上传者通过直播分享个人阅读经验或心得体会，观看者围绕视频上传者推介的书目和视频特色进行互动，视频上传者成为阅读内容的"领读者"。另一方面，视频观看者对视频上传者推荐的书籍或制作的视频内容、风格等通过发送评论性字幕的方式表达意见或建议，大多数意见或建议都是基于观看者个人的理解和反思，这充分证明了读书类视频同样具有交流讨论、思考学习的作用。

借助全媒体搭建的具有不同特色的阅读推广圈子，通过丰富多样的形式讨论、分享阅读感受，增进读者与读者之间、读者与作者之间、读者与阅读推广者之间的互动，把阅读的个体效应放大成群体效应，达到阅读推广的目的。

四、编制与推荐书目工作

推荐书目是"为指导读者读书治学或普及文化科学知识，选择适合特定读者群所需要的书籍而编制的一种目录”①。书目推荐以书目或书单的形式为某一群体或某一专业领域的读者进行阅读推荐，达到指导阅读的效果。书目编制与推荐工作是一项极其重要的知识推广工程，具有文化导航的重要作用。我国学界历来特别重视书目编制工作，从张之洞、缪荃孙的为解决诸生不知“应读何书”和“书以何本为善”为目的的编制的《书目答问》，到梁启超的《西学书目表》，再到胡适的《一个最低限度的国学书目》，再到鲁迅先生 1930 年为考入清华大学文学系的许世瑛开列的中国文学入门书目。上述书目尽管带有学者个人学术口味的偏好，但都对引导青年学子进行入门学习起到向导的作用。

我国每年出版纸质、电子、数字读物 80 多万种，位居世界第一。国际上很多优秀出版物在中国都能同步上市，每年进入市场的出版物保持在 230 多万种。作为个体的人，即便穷其一生，也只能窥得人类知识的一角。公共图书馆作为人类资源的收集之地，在馆藏资源、知识导航方面具有得天独厚的优势。2001 年国际图联（IFLA）和联合国教科文组织（UNESCO）联合颁布的《公共图书馆服务发展指南》指出：“公共图书馆负有支持儿童学会阅读、为他们推荐书籍和其他载体材料的特殊责任。”因此，公共图书馆应将书目编制和推荐工作作为自己的一项重要业务工作，面向中小学生阅读编制推荐书目。

书目的研制及推荐工作为中小学生的精神成长提供了相对营养、全面、健康的精神食粮。对于中小学生来说，书目相当于一份藏宝图，指引他们在知识的海洋里自由畅游。根据推荐书目按图索骥，中小学生能够在浩如烟海的知识和信息的海洋中迅速、准确地搜寻到自己所需要的知识，了解到如何读书，哪些书可以读，某本书的哪个版本最为精良，先读哪些书，后读哪些书，哪些书需要精读，哪些书只需要浏览，所有这些都体现了图书馆的文化教育功能。

图书馆可依托丰富的馆藏文献，按专题分类收集、加工、整合相关经典文献，编制专业性、权威性的专题阅读书目，对中小学生的阅读进行有效引导。具体可分为三大类别，分别是人文社科经典阅读书目、科普经典阅读书目，以及其他类别的专题书目，如红色经典书目、传记类经典书目、地方经典文献、热门书籍等。前两个推荐书目可作为固定书目进行推荐，后面的推荐书目则结合社会热点、热点话题等进行策划，通过微博、微信、哔哩哔哩、豆瓣等网络平台捕捉潮流文化的发展动向，增强阅读内容的亲民性、认同度和时代性。

针对中小学生这一特定群体编制的书目包括三方面内容：一是面向中小学

① 徐雁，谭华军. 目录明，方可读书：影响书目、畅销书目与读物推广[J]. 图书馆杂志，2014，33(4)：31.

生的推荐书目，即根据不同年龄段学生的生理、心理、智力和认知水平及特点，对馆藏文献进行选择性推荐，内容应涵盖所有学科，包括人文社会科学和科学技术类书目；二是面向家长进行推荐，包括家庭教育、亲子关系、儿童身心健康、阅读指导学等各方面与儿童成长有关的书籍，也可推荐帮助家长进行自我成长的书籍；三是面向教师群体进行学科类图书资料和教育教学类书目的推荐，为不同学科教师推荐经典性的学术著作、教材、教育随笔等。公共图书馆要不断创新书目推荐方式，注意运用全媒体开展推荐工作，如通过图书馆微信公众号、新浪微博、微信群、QQ 群等社交媒体等进行推荐。

版本泛指同一部作品在不同时间、不同地点、不同著（译）者的印刷本，或同一领域内不同的著作等。懂一些版本知识，有利于选择好的作品，更好地领略书中要义。图书馆馆员应加强图书采访时的版本意识。引进版的国外图书、作者、译者、出版社都应该著录明确，有些国外著作虽然作者写得好，如果译者翻译不好，也会影响作品质量。如 J. K. 罗琳的《哈利·波特》系列最好的译本应属人民文学出版社出版的由马爱农翻译的版本。

为了提高推荐书目的精准性，公共图书馆可以组织书评撰写工作，对书籍的内容和形式进行价值评估。内容方面包括可读性、知识性、科学性、思想性等；形式方面包括书衣、版式、字体、字号等要素。有些图书内容方面是上乘的，但由于出版部门追求利润，在生产过程中粗制滥造，如纸张质量粗糙，不符合中小学生的视力保护需求，油墨不匀，影响阅读，或者排版太过紧密，字号特别小等。随着人们生活水平和审美水平的提高，现代人对图书出版形式的要求越来越高。如某出版社出版的曹文轩的《草房子》在当当网好评率达 99.9%，截至 2021 年 8 月 1 日，“好评”46.6 万条，肯定书的内容和创作水平；“中评”469 条，在肯定书的内容的同时对书的包装、纸张质量、排版提出批评；“差评”106 条，全部集中在书的出版形式方面，如“印刷排版好差，看着一点都不舒服，行距太密”“排版太紧密，阅读感差”“纸质很差，字体小，印刷质量较差”“收到书的那天下午，书就散页了，这也太差劲了，装订太烂”。由此可见，推荐书目不仅要对书目进行推荐，还应推荐适宜的版本。内容质量再上乘的图书，如果印刷排版质量太差，也会影响阅读者的阅读体验。这类因形式不合格的图书更需要图书馆进行鉴别。正如著名的书评家萧乾所说：“食品需要经过鉴定，精神食粮也应允许品评。书评可以使好书更畅销，坏书受到淘汰。它应是读者的顾问，出版者的御使；是好书的宣传员，坏书的闸门。对于出版工作，它应起到筛子、镜子和轮子的作用。”

自从莫言获得诺贝尔文学奖后，许多家长带着孩子到图书馆借阅莫言的

《檀香刑》《生死疲劳》《丰乳肥臀》《蛙》等。这些书虽然艺术性颇高，但是并不适合中小学生阅读。对于唯名家是从，人云亦云，阅读时盲目跟风，缺乏基本的判断力等现象，迫切需要图书馆进行引导。

各图书馆可以根据流通数据形成阅读排行榜，同时参考其他公共图书馆的借阅排行榜，对于中小学生阅读的图书，馆员最好自己阅读一遍。因为排行榜并不能完全代表图书质量的高低。笔者前不久看了北京大学最受欢迎的某本畅销书，因为安徽大学图书馆没有这本纸质书，电子书也没有收藏，笔者只好自己购买。该书由16个情感故事构成，包含了一段段女子被男子所骗仍然执迷不悟的故事以及一次次婚外情的情节，实在无法想象这样一本书何以会成为我国最顶尖学府的畅销书。按照这样的榜单进行阅读只会让普通读者浪费大好时光。

图书馆通过将读者(用户)对图书馆和相关阅读资源的评语和意见汇集起来，与读者实现共建、共享和共赢，以发挥更重要的价值。亚马逊的价值是通过社群的力量体现出来的，图书馆的价值也应该如此，因此，图书馆的操作系统和技术平台应建立在与用户充分互动的基础上。

五、培养阅读推广人

按照《深圳市阅读推广人管理办法》的定义："阅读推广人是指个人或组织阅读机构，通过多种渠道、形式和载体向公众传播阅读理念、开展阅读指导、提升市民阅读兴趣和阅读能力的专业和业余人士。"2012年6月，深圳市首期阅读推广人培训班正式开班，这是国内首次由政府牵头组织的阅读推广专业化培训。2013年6月底，张家港市推出《阅读推广人资格认证管理制度》，坚持"自愿参与、义务工作、提升自我、服务社会"的原则，将阅读推广人分为"阅读推广员"和"阅读推广师"。阅读推广员属于为开展阅读推广活动提供辅助性服务的人员，如协助组织策划阅读活动，引导、发动市民参与阅读。阅读推广师属于阅读推广的专业技术人才，要求具有一定的阅读经验、阅读能力，掌握各类阅读方法，能为广大市民阅读能力的提升提供专业化和规范化指导。

2014年，中国图书馆学会正式启动阅读推广人培育工作，在阅读推广人培训的理论和实践方面做了大量开拓性工作，拟定《培育阅读推广人行动计划(草案)》，组织行业领域内的专家学者编辑出版阅读推广人系列教材。公共图书馆要有计划地让阅读推广人参加多种类型的阅读推广培训，通过短期强化培训，掌握阅读推广人应知应会的知识和技巧，快速提升阅读推广能力。

公共图书馆通过阅读推广人的培养，可以更好地发挥公共图书馆作为社会教育机构对中小学生阅读能力和阅读习惯培养的职能，弥补家庭教育和学校教育在阅读指导方面的不足。根据中小学生这一群体的特点，公共图书馆阅读推广人的培养主要有以下特点：

一是阅读推广人的培养对象身份构成多元化，包括中小学生，父母或监护人，中小学老师或其他教育工作者，从事少儿阅读服务的少儿图书馆（室）馆员、学校图书馆馆员、社区图书馆馆员、城市阅读空间店员、书店店员、有志于从事少儿阅读服务的志愿者。凡是具有一定的文化水平且对中小学生阅读有兴趣的公民都可以成为培养对象。

二是阅读推广人知识结构的多元化。首先，阅读学研究是一个需要多学科、各行业共同参与研究的领域，需要各领域的优秀专家学者；除图书馆学以外，阅读学研究还涉及心理学、语言学、中外文学、教育学、新闻传播学等学科；此外，还涉及图书馆界、出版界、教育界和医学界。其次，由于中小学生处于学习阅读的阶段，阅读心理和阅读行为呈现不稳定甚或复杂多变性的特征，因此，面向中小学生的阅读推广人要具有多元的知识结构，特别是儿童心理学、儿童教育学、中外儿童文学、版本学等方面知识，所以需要各学科领域的专家学者和实践工作者共同参与，从不同的学科视角和背景研究进行培训，突破目前研究所存在的浅尝辄止问题，提高理论研究的质量。目前阅读推广研究对中小学生阅读动机、阅读方法的运用以及阅读机理缺乏深入考察，致使阅读推广理论研究不能与阅读推广实践活动深度结合，得出的研究结论，如阅读推广模式和流程不但千人一面，对实践工作的指导作用也有限。中小学生阅读推广人通过培训对中小学生各年龄段的心理特点、认知能力、在校学习阶段内容和阅读能力水平有所了解，同时具备基本的目录学和版本学知识，能及时发现新书并进行推荐。

随着我国出版业的繁荣，我国图书出版极大丰富，因此，公共图书馆的藏书量已经不是吸引家长和中小学生进入图书馆的主要原因，提高学生的阅读能力是家长参与图书馆活动的核心目标，其中为中小学生推荐适宜的阅读书目，为中小学生提供专业阅读方法和阅读技巧的指导，为家长提供亲子阅读策略指导是中小学生及其家长对少儿图书馆（室）馆员服务能力的主要诉求。鉴于此，阅读推广人，特别是公众图书馆从事中小学生阅读服务的馆员应对本馆馆藏和图书出版市场行情了如指掌，根据中小学生这一群体阅读行为特点和阅读需求开展共性化和个性化阅读推广服务。

第五节 泛阅读空间环境的构建

《全民阅读促进条例》规定："中小学应积极与高等学校图书馆、公共图书馆特别是少年儿童图书馆、农家书屋、职工书屋、社区书屋、基层综合文化中心以及青少年活动中心、少年宫等青少年活动场所加强合作，支持和帮助学生参加校外阅读活动。"公共图书馆开展阅读推广要寻求多方合作，这里的合作既包括技术合作，也包括业务合作，脱离全媒体技术支持的抱残守缺式的阅读推广会因罔顾社会和读者的需求而成为孤岛。鉴于此，公共图书馆面向中小学生的阅读推广需要立足于全媒体时代出版、传播环境呈现的多元化特点，积极引进新技术，支持新阅读；同时，中小学生阅读需要全社会的合作与参与，仅以图书馆一已之力难以实现建立书香社会这一宏伟目标。公共图书馆通过与家庭、学校及其他社会机构的深度合作，建立全方位、立体化的阅读推广体系，是全媒体时代公共图书馆面向中小学生开展阅读推广的主要目标。

阅读能力的高低直接影响着一个国家和民族的未来发展。中小学生作为国家和民族的未来主人，阅读能力和阅读习惯的培养尤显重要。《中国儿童发展纲要(2011—2020)》中儿童与社会环境的主要目标包括"培养儿童阅读习惯，增加阅读时间和阅读量。90%以上的儿童每年至少阅读一本图书"。中小学生的阅读习惯和阅读体系的建立绝非一朝一夕，也绝非学校或图书馆等社会教育机构可以独立完成，应得到整个社会各行业、各机构的支持。《全民阅读促进条例》第二十八条规定："车站、机场、码头、游客中心、宾馆、银行、医院等公共服务机构和场所根据自身条件，设立相应的全民阅读设施，为阅读提供便利。公园、绿地等公共场所的管理单位根据自身条件，安排相应的场地和设施，为阅读提供便利。"公共图书馆可以与医院、社区中心、社区卫生站、大型商场合作开展阅读推广活动，在公共空间构建适合中小学生阅读的生态环境。

一、公共图书馆与社区、书店的合作

作为公共图书馆服务体系的基础节点和最小节点，社区图书馆直接面向社区居民开放，是公民享受公开、平等、免费公共服务的最便捷的渠道。社区居民不但可以在社区图书馆进行图书资料的借阅，还可以在这里进行情感交流、分享信息、消遣时光。因此，社区图书馆不仅是满足社区居民阅读需求的场所，也是社区居民满足情感需求的公共生活空间。2016 年 5 月 1 日,《社区图书馆服务规范》正式实施,这是我国第一部针对社区图书馆服务、管理制定的行业标准。该规范的颁布履行,不但为改进社区图书馆服务条件提供了依据,而且为社区图书馆的服务与管理工作提供了指导。

社区图书馆面向中小学生的服务项目比较多,阅读活动应是社区图书馆服务的主要内容。寒暑假期间,社区图书馆可举办形式多样的阅读活动,如邀请各行各业的从业者进行个人阅读经验的分享,组织举办各种读书俱乐部或阅读小组;组织开展阅读总结或心得体会的撰写,进行评奖;开展图书交换活动,让社区居民共享图书资源;召集志愿者开展阅读辅导或家庭作业辅导工作,针对家长开设家长课堂,可聘请儿科医生、营养师、心理咨询师、一线中小学教师针对家长育儿过程中遇到的问题进行答疑解惑。

随着我国公共图书馆总分馆制的建设与发展,公共图书馆服务半径不断延伸,服务方式不断创新,很多项目成为当地的城市名片,显著提升了城市的人文生态环境和文化魅力。2017 年 6 月 27 日,合肥市第 90 次常务会议审议通过《合肥市城市阅读空间建设实施方案》。该方案规定"城市阅读空间原则上实行'图书馆+书店'的模式"。自方案颁布实施到 2020 年底,合肥市建成并投入使用的城市阅读空间达 110 家,合肥市所辖 7 区 4 县全部布点,覆盖社区、学校、商场、景点等多个场所,达成构建 15 分钟阅读圈的目标。如蜀山区四季花海公园内的"林间书舍"、包河区的"简·阅书吧"、经开区的"森林书屋"等。"简·阅书吧"利用地理位置优势开辟了合肥市首个河畔露天阅读区,为读者提供一个亲近自然的阅读场所。合肥市城市阅读空间的图书资源建设、读者服务活动开展均以少儿为主要服务对象,空间选址大部分毗邻小学且辐射周边多个小区,内部结构采取多元化的功能设计,既满足了读者的普遍需求,又兼顾个性化服务需求。

与此同时,合肥市借助民营资本的力量助力公共文化服务体系建设,比较成功的案例就是与民营书店开展业务合作,书店可自主开展多种形式的业务拓展,为读者提供优质的阅读体验。其中最具有影响力的是安徽首家民营文艺书店"保罗的口袋",2016 年 10 月 14 日正式挂牌成为"口袋图书馆——合肥市图书馆分馆",并加入合肥市公共图书馆联盟,为市民提供免费借阅服务。店内设置小型舞台、电影银幕、亲子阅读区域等,活动形式包括图书展览、文艺沙龙、作品签售会和小型文艺演出。"保罗的口袋"成为融入阅读、思考、交流与创作的集合场域,成为作者与读者、作者与观众交互的精神空间。"保罗的口袋"目前在合肥有 3 家分店,其中两家开设在医院内,分别为中国科学技术大学附属第一医院(安徽省立医院)南区店、合肥市第二人民医院店。此外,“保罗的口袋”还与合肥市图书馆合作开设悦书房,包括“保罗的口袋”黉街店、“游园影梦”悦书房·电影主题馆、“朝花今拾”悦书房·国潮主题馆。

图 5.3 “保罗的口袋”中国科学技术大学附属第一医院(安徽省立医院)店其一

图 5.4 “保罗的口袋”中国科学技术大学附属第一医院(安徽省立医院)店其二

二、医院阅读空间的创设

医院，特别是儿童医院，是广大儿童聚集的场所。由于身体健康的原因，患儿暂时中断学校教育。为弥补学校教育的缺失，可以在医院创设阅读空间。2008 年由安徽省青年志愿者协会服务总队和合肥市无偿献血者协会共同发起建立“快乐童年”公益阅读坊，位于安徽省立儿童医院。2009 年 5 月，安徽省立儿童医院在脑瘫病区提供近 40 平方米的房间给阅读坊无偿使用，香港陈一心家族基金会为阅读坊捐赠 2300 册绘本图书，加上志愿者和爱心人士的捐赠，阅读坊现有图书近 3000 册。2011 年 6 月底，经合肥市包河区民政局批准，该阅读坊独立注册为“合肥市包河区快乐童年公益阅读坊”，成为一个旨在激发儿童阅读兴趣、培养儿童阅读习惯、提高儿童阅读能力的公益阅读民间组织。阅读坊每周一至周五下午 2:00～5:00 面向所有住院的患儿免费开放，周六、周日采取流动书车进病房的方式给患儿提供阅读。阅读辅导全部由招募的志愿者进行，现登记在册的志愿者达 146 人，多为在校大学生、中小学老师、高校图书馆馆员及其他爱心人士。“快乐童年”公益阅读坊的读物以绘本为主，阅读推广方式主要有以下三种：志愿者指导患儿父母或监护人开展亲子阅读；志愿者陪伴患儿进行阅读；表演式阅读，即志愿者通过讲故事、绘本剧表演、结合故事延伸手工制作、绘画等方式激发患儿的阅读兴趣，让患儿在阅读中体验游戏的乐趣。“快乐童年”公益阅读坊开设至今，成为患儿流连往返的场所。

三、流动图书馆的开展

国际图书馆联合会（IFLA）在其《流动图书馆指南》中将流动图书馆定义为“任何不是固定在一个地点提供图书服务的即为流动图书馆。”[①]合肥市少儿图书馆的汽车图书馆是安徽省首家流动图书馆，由一辆中巴车改装而成，主要为该馆的分馆、流动点、社区、学校、医院等地点提供少儿阅读服务。自 2019 年起，合肥市少年儿童汽车图书馆突破区域服务半径，将汽车图书馆开进安庆市的岳西县、宣城市的泾县、六安市舒城县和金寨县等偏远革命老区，开展阅读推广活动，同时辅以讲座、科普展览、手工制作、电影放映、学习用品捐助、城乡儿童一对一结对帮扶等活动。

弘扬社会主义核心价值观是图书馆作为社会教育机构不容推卸的责任，合肥市图书馆汽车图书馆通过举办图书展、放映红色电影等方式，引导当地中小

① 周文骏. 图书馆学情报学词典[M]. 北京：书目文献出版社，1991.

学生阅读红色经典。汽车图书馆在金寨县斑竹园镇中心学校沙堰教学点开展“科学人生·百年——院士风采展”展览，展示了我国33位院士的语录、成就和个人照片等，向莘莘学子展示老一辈科学工作者艰苦奋斗、锐意进取的崇高精神，帮助他们树立热爱祖国、热爱科学的高尚情操。在舒城县庐镇乡安菜村等山区播放红色电影，举办“‘徽’煌40年”展览，捐赠雨伞、书包等生活和学习用品。汽车图书馆服务得到新华社、《人民日报》、《工人日报》、《中国青年报》等70余家媒体的广泛报道，引发热烈的反响。

第六章　全媒体时代中小学生阅读面临的挑战

全媒体时代资讯业和出版业的蓬勃发展，致使中小学生在阅读过程中面临着不同于以往的诸多挑战，其中包括如何正确认识并处理好以下各种阅读之间的关系，特别是经典阅读和通俗阅读、泛读和精读、深阅读和浅阅读、纸本阅读和数字阅读的关系。

第一节　经典阅读和通俗阅读

一、经典阅读的概念及其作用

何谓经典？经典是否等同于名著？

《辞海》中将“经典”解释为：“最重要的、有指导作用的权威著作。古代儒家经典，也泛指宗教的经书。”[①]

《现代汉语词典》对“经典”的解释有三种：“指传统的具有权威性的著作；指各宗教宣扬教义的根本性著作；指著作具有权威性的。”上述三种定义可归纳为指在某一学说（如果把宗教也作为一种学说）中具有权威地位的里程碑式的著作。

冯天瑜先生把“经典”称为“元典”[②]，认为元典是那些具有深刻而广阔的原创性意蕴，又在某一文明民族的历史上长期发挥精神支柱作用的书籍。

北京大学的王余光教授认为：“经典是指那些具有重要影响的、经久不衰的著作，其内容或被大众普遍接受，或在某专业领域具有典范性与权威性。”[③]

成松柳认为经典可以从历史和现实两个维度来考察，它既是历史的筛选，

---

① 夏征农. 辞海[M]. 上海：上海辞书出版社，2000：1406.

② 冯天瑜. 中华元典精神[M]. 上海：上海人民出版社，1994：2.

③ 王余光，霍瑞娟. 图书馆经典阅读推广[M]. 北京：朝华出版社，2015：20.

也是现实的考量。具体来说，经典不仅是民族文化和民族精神的结晶，而且应该成为一个时代、一个民族面对现实、直面发展时的精神资源。

《现代汉语词典》将“名著”定义为：“有价值的出名著作。”

冯天瑜先生认为：“名著就是这样的书——哪怕只是一瞬间，它都会使你从中感受到生活的意义。名著是能够经受住时间考验的书，是世界上亿万读者多少年来为从中得到特别启迪而阅读的书。”①

《大英百科全书》董事会主席、学者莫蒂然·阿德勒认为名著必须具备六条标准：读者众多，通俗易懂，永远不会落后于时代，隽永耐读，最有影响力，最有启发教益。名著的思想内容远远多于文字的直接内容，名著探讨的是人生中深层次的问题，是在不同的历史时期都能够给人以启迪和智慧的书。

综上所述，经典指那些经过历史筛选沉淀下来的，凝聚着时代风味、民族文化和人类智慧的结晶，在人类发展史上长期发挥精神支柱作用或在某学科领域具有开创性、权威性、指导性特征的著作。而名著一般指文学性、可读性、通俗性较强，受众面广，影响力大的著作。经典可以成为名著，但名著未必都可以称为经典。

对于中小学生来说，经典阅读主要指对古今中外名著的阅读，当然，随着年级的提高，到了中学阶段，也可以阅读一些某学科领域入门级的经典著作。如《时间简史》《共产党宣言》《几何原理》《从一到无穷大》《昆虫记》等。

经典著作是人类精神产品的精髓，是人类文明发展到某个阶段的积累，包含着创作者对整个社会、所处的时代和人类自身发展深入的思考。经典阅读的作用主要体现在工具性和思想性方面。工具性指通过阅读经典帮助中小学生发展口头表达和书面表达能力；思想性指通过阅读经典为中小学生健康成长提供不竭的精神养分和动力。具体表现在以下方面：

（1）练就语言文字运用能力。“语言文字是人类最重要的交际工具和信息载体，是人类文化的重要组成部分。”②人类文明借助阅读和书写得以延续和繁荣。人类个体之间通过语言实现各类信息的有效传递，通过文字跨越时空进行知识的分享和传承。人类通过阅读让大脑认知语言和文字。知识因为阅读得到积累与更新，文化因为阅读得到传承，并能突破个体生命的限制不断发扬光大。

经典著作都是经过岁月和时间的洗礼，一代代传承下来的，特别像古代文

① 冯天瑜. 中华元典精神[M]. 上海：上海人民出版社，1994：2.

② 中华人民共和国教育部. 义务教育语文课程标准[M]. 北京：北京师范大学出版社，2012.

学经典，语言文字凝练到极致，正所谓“吟安一个字，捻断数茎须”“两句三年得，一吟双泪流”。中小学生通过阅读甚至背诵大师们的经典著作，可以帮助他们形成对汉语言文字节奏感、韵律感的感知。

由于汉语言文字的变迁，从古代汉语到现代汉语，再到目前的社会化、生活化语言，中小学生在接触经典时首先遇到的是文字表达方式上的隔膜，这是很自然的现象。因此，阅读经典的过程是学习如何书写，如何遣词造句的过程。真正的大师笔下的文字往往散发着生命的灵性，向读者传递着温暖、力量和信念，甚至能让阅读者体味到字里行间弥漫的声音、色彩和气味，吸引着读者用心去体味、沉吟和把玩，从中感受到汉语言文字的精妙和其间蕴含的趣味。

我国中小学生阅读偏于感性的文史阅读，很少阅读政治学、哲学、经济学等著作，这在一定程度上阻碍了他们思维方式、审美能力的提升。俄罗斯电影艺术家塔托夫基在回忆自己的童年时，提到母亲在他很小的时候就建议他阅读托尔斯泰的名作《战争与和平》，母亲提醒他注意托氏笔下流淌的精致文字。塔托夫基说：“童年时候阅读《战争与和平》的经验，让我再也读不下去那些庸俗、简陋的东西。长大以后，《战争与和平》成为我艺术深度与品位的标准。”由此可见，阅读品位直接影响一个人的生活和艺术欣赏品位。一个人阅读品位的形成不是一蹴而就的，而是经过长期的熏陶和积淀逐渐演绎发展的。因此，一个人的阅读品位应从儿童时期开始培养。全媒体时代，书籍的丰富达到前所未有的程度，在一批阅读推广人的大力倡导下，全国逐渐形成重视儿童阅读的社会风气。十八大报告将全民阅读写入其中，这昭示着全民阅读得到来自国家层面的重视。

（2）为精神成长打下底子。经典著作作为各个领域的代表性著作，在阅读时需要平心静气，沉潜涵泳，方能慢慢体会到经典的韵味和魅力，所以阅读经典的过程是对心智的一次锻造，对意志的一种磨砺，必须调动全身的感官和灵性去理解，在理解文本构筑的世界的基础上建立自己的认知世界，从而获得一份超越和尊崇。

阅读经典不仅是为了获得知识，同时也是为了从中获得精神滋养。悲悯情怀是经典的基本品质。中小学生通过阅读经典与作者进行思想与思想的对话、心灵与心灵的对话，甚至是生命与生命的对话，达到陶冶情操，升华人格的目的。读一本经典，就是和一位大家进行对话，在这个过程中中小学生将不断提升自己的精神境界与思辨能力。

中小学生通过大量的经典阅读，体验经典著作中所营造的情感世界，给他们以爱的熏陶，以心灵的慰藉，让他们在文学的世界中学会爱，学会感恩，学会宽容。通过经典阅读，心灵得到滋养，视野和阅历会随着作者创作的文本世界而不断扩大和拓展，甚至与作者进行跨越时空的精神对话，如古代文学作品、科幻作品、外国文学作品。对于读者来说，阅读是投入情感、感受奥妙、获得心智体验的旅程；对于作者而言，其作品每一次被阅读都是一次重生。日本学者池田大作指出："优秀的书籍给予我们的东西不是单纯的知识，也不是瞬间即逝的激情，而是生存的自信，做人必备的才能和勇气——书籍并不是把外在的东西轻易交给我们，而是促使我们把内存的东西喷涌出来。"①

阅读经典有助于修身养性，让中小学生明白是非曲直。中小学生通过阅读《论语》等传统文化典籍，可以陶冶情操。一次，笔者所在小区的两位住户因为抢占停车位发生冲突，继而大打出手，最终惊动派出所。路过的左邻右舍都停下来看热闹，一位小学生模样的孩子经过现场，悄声对他妈妈说道："鹪鹩巢于深林，不过一枝；鼹鼠饮于河，不过满腹。这些吵架的人根本不懂这些。"

(3) 传承文化，增强文化自信。文化自信来自于文化传承，没有传承就没有自信，经典阅读是构建中小学生文化自信的基础。中小学生多读一些中国传统的经典，对中国文化有一定的了解，才有可能形成文化自信。

经典阅读推广是实现文化强国与中华民族伟大复兴中国梦的战略需要，是社会文化发展与时代精神塑造的需要，是图书馆事业和出版业发展的动力源泉。北京大学钱理群教授认为："经典是人类、民族文明中最美好的精神食粮，要用它滋养我们的下一代。"经典名著是开放的作品，其内涵在不同的时代经由不同的读者解读会获得不断更新的内涵。阅读经典，既要尊重原著本身，又要展开思索，进行别开生面的阐释。

当然，对于经典阅读也要保持清醒的态度。风土人情和历史文化习俗在从古至今的传承中涤旧生新，因此，我们应该崇尚经典和历史，但不能全盘接受甚至顶礼膜拜。在中小学生群体中推广国学同样如此，家长、老师和图书馆馆员要引导他们通过阅读合适的经典著作学习和领悟中华优秀传统文化，但不能因此产生执念。中小学生如果过度沉溺于古典著作营造的文学世界，可能会因此丧失儿童的天真。

二、通俗阅读的概念及其作用

与经典阅读相对应的是通俗阅读，也是迄今为止不被很多专家学者所认可

---

① 池田大作. 我的大学[M]. 铭九，潘金生，庞春兰，译. 北京：北京大学出版社，1990：243.

的一种阅读。通俗读物与经典著作相比，语言文字明白晓畅，阅读者只要具备初步的阅读能力即能理解文字表达的意思，故事情节曲折动人，能吸引阅读者保持浓厚的阅读兴趣。对于中小学生来说，阅读经典需要保持仰视的姿态，而通俗阅读通过平视甚至俯视即可完成。处于学习阅读阶段的中小学生只有通过大量而轻松的通俗阅读才能发展出快速阅读能力，才能广泛吸收各门各类知识，形成广博的知识面，培养阅读艰深读物所需的语言和理解能力。

大量阅读漫画、图画书、流行作品等轻松读物有助于阅读兴趣的养成和语言能力的提高。通俗小说里很多思想通过鲜活、有趣的对话进行展现，摒弃直接的道德说教，通过生动、有趣的情节，铺陈一个深刻的思考空间。有时候，小说里细腻的情感描写，可以让我们对他人产生同理心。因为透过这样的文字描述，我们会发现其他人和我们所想的角度是不一样的。每个人都不可能拥有与他人完全相同的生活经历，每个人的生活环境也不可能完全相同，所以每个人的生活体验自然会大有区别，对他人的同理心以及感同身受的能力可以通过阅读来实现。侦探小说可以培养中小学生的逻辑思维能力，科幻小说可以发展他们的想象力，儿歌则可以培养儿童对语言韵律美的感受能力。

绝大部分畅销书都属于通俗文学，在某种意义上聚焦了时人对所处时代的观感和体察。中小学生通过对各类互不相关的图书的阅读，思想和人格日趋成熟，对世界的理解逐渐深入。大量的阅读会给予阅读者智慧和勇气，让他们愈加淡定，同时对未来充满希望。

很多流行文学作品，特别是网络文学作品，提供的是感官层面的欲望的满足，或者是物质享受带来的轻飘的快乐，这样的作品，对读者精神世界的建构和心理素质的锻炼很难起到正向的激励作用。流行、时尚阅读有助于读者了解到当下鲜活的现实世界，但对于中小学生来说，最理想和最有效的阅读还是应该以经典名著阅读为主，通俗阅读作为辅助。

新媒体的蓬勃发展致使各类资源泥沙俱下，很多内容呈现娱乐至死的特征，以消解崇高和庄严为唯一目的，对于缺乏分辨能力的中小学生来说，这类读物不但无益于他们阅读能力的提高，而且严重影响他们的阅读品位，特别是对汉语言文字的敏感性。如以恶搞为目的的《桂宝》等漫画，在小学生读者中颇有市场。这类漫画的对话不讲究语法规则，用语恶俗，故意颠倒语序。长期浸淫在此类读物的中小学生常常会身处其中不觉其臭，从而无法领略汉语言的美好。这种阅读喜好反映在学业中，致使沉溺其中的中小学生不能准确、优雅地使用汉语，更谈不上对传统文化的传承与发扬光大。

三、经典阅读与通俗阅读的辩证关系

风靡 20 世纪五六十年代的小说，如《苦菜花》《创业史》《艳阳天》《红岩》《林海雪原》是那个年代的历史见证，对革命英雄主义的崇尚，在人物形象塑造方面追求“高、大、全”，这些创作特点和倾向都是那个时代价值追求和审美观的体现。通过阅读上述作品可以真实地了解那个时代。任何一个时代都有专属于那个时代的流行书和畅销书，大都会随着一个时代的结束而湮灭，只有少数的流行书和畅销书才能够经受时间的洗礼进入经典的行列。

就读者和作者的关系来说，通俗阅读大都是平视，甚至俯视，所以阅读起来感官上非常快乐，精神状态也是轻松甚至是散漫的。长期大量的通俗阅读，甚至会让人放纵自己，对文学，甚至对生活产生一种轻慢，觉得人生不过尔尔。这种心态对于身心处于成长期的中小学生来说是非常不利的。之所以倡导阅读经典，就是因为经典为我们确定了一种需仰视才可抵达的思想和心灵的境界。仰视是人类向前发展的一种必要的姿态，中小学生在不断仰视的阅读过程中，才能逐渐远离尘世的喧嚣与繁杂，净化自己的心灵，提升自己的精神境界，经过经典著作的反复陶冶与感化，能把人类变得纯洁与高尚。经典的阅读，无论悲剧或是喜剧，无论欢笑或痛苦，无不张扬着希望、光明、道德、永恒等元素。中小学生敏感而脆弱的心灵在文字的世界里获得不断成长的向上动力，因失望或绝望变得冷漠的心灵可以重新变得火热，重新发现生活的美好，重新点燃对现实世界和生活的热爱。

经典是经过时间积淀的，是由当时大量的通俗读物经过广大读者的一代代检阅研究的，因此，流行于当下的通俗读物，在未来可能成为经典。因此，通俗和经典并不是泾渭分明的，而是可以相互转化的。无论是经典、名著，还是尚未步入经典行列的通俗作品，只要能滋养心灵、增益知识、激发想象力都可广泛阅读。中小学生的阅读旨趣往往从侧面反映了他们的爱好和潜在的特长，加以积极引导可以激发他们的学习潜力和兴趣爱好，为他们的未来职业生涯奠定知识基础。广泛的阅读可以拓展中小学生的知识、视野和思维，帮助他们树立正确的人生观、世界观和价值观。无论是经典阅读还是通俗阅读，都会有所收获。俄罗斯作家鲁巴金认为：“读书是在别人思想的帮助下，建立起自己的思想。”确实如此，阅读是一种主动性的过程，不同的人会有不同的收获和教益。正所谓“一千个读者就有一千个哈姆雷特”。然而，在阅读的过程中，要想达到这样的效果，避免在阅读的时候丧失自己，使自己的大脑成为别人思想的跑马场，我们还要学会思考，懂得怀疑和判断。

德国著名哲学家叔本华在《论阅读和书籍》中写道："读书时，作者代我们思想，我们不过在追寻着他的思绪，好像一个习字的学生在依着先生的笔记描画。"因此，他说："读书时，我们的头脑实际成为别人的思想的运动场了。所以，读书甚多或几乎整天读书的人，虽然可借此养精蓄锐，休养精神。"但是却会"渐渐丧失自行思想的，犹如时常骑马的人终于会失去步行的能力一样"。①

文献学家刘向在其《说苑》中指出："书犹药也，善读者可以医愚。"最理想的阅读模式，是经典阅读和通俗阅读交替进行，对于中小学生更是如此。一味追逐经典阅读，特别是年代久远的经典著作，容易让人与现实世界产生隔阂，时间久了，甚至会如《桃花源记》所描述的"问今是何世，乃不知有汉，无论魏晋。"对于终将走入社会谋生谋爱的中小学生来说，有利亦有弊。宋朝理学家朱熹在《朱子读书法》中写道："读书，始读，未知有疑。其次，则渐渐有疑；中则节节有疑。过了一番，疑渐渐逝，以至融会贯通，都无所疑，方始是学。"也就是说，在阅读的过程中，我们要带着自己的思考、怀疑和判断展开阅读，只有这样，让作者的思想和自己的认知产生碰撞，我们才能切实地获得真知，汲取阅读的营养。

金庸先生的武侠小说拥有不少数学家粉丝，其中最有名的当数已故美籍华裔数学大师、几何学家陈省身。据陈省身的秘书沈琴婉女士回忆："他（陈省身）特别爱看金庸武侠小说改编的电视剧，因为他读过金庸的大部分小说，我们看《笑傲江湖》《射雕英雄传》时，我不明白的地方，他会给我讲故事情节。"陈省身的藏书中有金庸的全套作品，其中《笑傲江湖》是金庸亲手送给他的。陈省身认为金庸的武侠小说具有高度的文学美感和哲学内涵，这种内涵和数学的境界相通。一个人的武功积累到一定程度后，机缘巧合就会提升到一个非常高的境界；数学研究也是如此，渐进到一定层次后，也会出现通过碰撞的机遇迅速提升研究水平的情形，就像是当头棒喝而顿然开悟。数学和武侠小说就学科属性来说相差甚远，陈先生却在专业研究与业余阅读中实现精神上的平衡，通过多元的阅读兴趣化解专业研究的单调和艰苦，让自己保持旺盛的对学问追求的兴趣和动力。

中小学生阅读不同时期的优秀文化，可以全面提升他们的人文素养，引导他们自觉继承和弘扬中华优秀传统文化和革命文化，吸收世界各民族文化精华，积极参与中国特色社会主义先进文化的建设和传播，理解和借鉴不同民族和地区的文化，开阔文化视野，增强文化自觉，提升中国特色社会主义文化自信。经典阅读与通俗阅读作为培养中小学生阅读能力、阅读习惯和阅读旨趣的

① 叔本华. 叔本华美学随笔[M]. 韦启昌，译. 上海：上海人民出版社，2014：15.

两翼，缺一不可。“刚日读经，柔日读史”可以作为经典阅读和通俗阅读的另一种解读。

第二节　泛读和精读

一、泛读的概念及其作用

就阅读内容的广度和深度来说，阅读可分为泛读与精读，是不同的阅读方式、阅读技能和体验形态。泛读，指广泛地阅读。鲁迅先生主张博览群书，即泛读。他认为读书“需如蜜蜂一样，采集过许多花，才能酿出蜜来，倘若叮在一处，所得就非常有限，枯燥了”。鲁迅先生年轻时，除规定的功课外，天文地理、花鸟虫鱼之书无所不读。中国古建筑园艺专家、同济大学教授陈从周先生在《灯边杂记》一文中写道：

> 今天回忆起来，我因喜读李清照的词，进而读了她父亲李格非的《洛阳名园记》。这位李老太爷还是我研究园林的启蒙老师，他不但教导了我怎样品园，怎样述园，而最重要的，他的文采使我加深了钟情于园。因为文章中提到《木经》，因《木经》知道了《营造法式》，找到了《营造法式》，我的大建筑课本有了，但是看不懂。我再寻着了《中国营造学社汇刊》，我们古建筑的老一辈的文章，有了说解，使我开始成为一个私淑弟子。后来又进入了他们的行列，终于成为我终生事业。①

专业知识的学习必须依靠精读才能完成，专业以外的知识积累通过泛读就可以实现。尽管现代传播技术进步神速，但人类的文明仍然需要依赖文字来传承。现代生活节奏不断加速，各类书籍浩如烟海，有限的生命和无限的知识构成了悖论，因此，中小学生在学习阅读的过程中，首要的是要学会阅读，平衡泛读和精读的关系，提高挑选优秀读物的能力。金克木先生在《书读完了》一文中，表达了类似的观点：“只就书籍而言，总有些书是绝大部分书的基础，离了这些书，其他书就无所依附，因为书籍和文化一样总是累积起来的。因此，我想，有些不依附其他而为其他所依附的书应当是少不了的必读书或则说必备的知

---

① 陈从周. 春苔集[M]. 广州：花城出版社，1985：170-171.

识基础。”[①]他建议，学生时代要读一些基础的书，要慢慢地读，细细读。

秦牧先生将泛读比喻成“鲸吞式”[②]阅读。“鲸吞式”阅读法是比照须鲸的捕食法。须鲸以小鱼小虾为主食，当它张着大嘴在海里游动时仿佛一座飘浮的小岛，小鱼小虾被海水裹挟流入须鲸口中，当须鲸合上嘴巴时，海水从它的牙齿缝隙中“哗哗”漏掉，上吨重的小鱼小虾则滞留胃中，成为须鲸的美食佳肴。这种“鲸吞式”阅读法就是泛读。

在图书的选择与阅读方法方面，中小学生要多读那些揭示事物本质的，有生活和学科知识的，或者纪实性的图书，少读那些游戏的、暴力的、矫情的、玩弄皮毛的图书。有家长抱怨孩子读了很多书，却连作文都不会写。让他说说孩子读的都是一些什么书，他说了十几本，大都是脑筋急转弯性质的。不是看什么书都叫阅读，得读对的书。重量不重质也是我们经常会步入的误区，我们总会买一大堆书给孩子，想当然地认为读的书越多，收获就越多，阅读能力就越强，其实不然。如果只是追求阅读数量的多少，而不关注阅读过程和阅读成果，读完一本书在心灵和脑海中没有留下点什么，那跟没读没有区别。

中小学生读课外书，最大的毛病是追求速度，讲究数量，忽视质量。所以，在中小学生阅读推广活动过程中，家长、教师或阅读推广人要在尊重中小学生意愿的前提下，鼓励他们大量阅读，在此基础上，选出几本值得一读再读的“种子之书”，带领他们深耕细读，如此一来，其他同类型的书就可以不用读了。

二、精读的概念及其作用

精读是与泛读相对而言的概念，即精细深入的阅读。秦牧先生将精读比喻成“牛嚼式”[③]阅读。所谓“牛嚼式”是指牛吃草后，会在其后的休息时间甚至夜晚把已经吞咽下去的草料再次反刍，嚼烂嚼细，直至完全消化。精读类似于老牛吃草，也需要反复进行阅读、理解、消化和吸收。一时难以理解的书，可以先了解其大概，然后再分段、分章节细细研读、体味，甚至请教他人，直到将不明白的地方彻底弄懂。这种类似牛嚼式的阅读方法就是精读。笔者小学四年级时第一次读《红楼梦》，当时家长是反对孩子读小说的，认为是闲书，每天晚上躲在被窝里打手电筒看。初中二年级第二次阅读，特别喜欢其中的诗词，摘抄了几大本，很多首词甚至能背下来。如今回想起来，那段时期对《红楼梦》的喜爱也许正契合了当时“为赋新诗强说愁”的年龄段。这一时期的精读、摘抄和背诵，

① 金克木，书读完了[M]. 上海：上海辞书出版社，2007：4.

② 张振金. 秦牧论散文创作[M]. 广州：暨南大学出版社，1990：114-121.

③ 张振金. 秦牧论散文创作[M]. 广州：暨南大学出版社，1990：114-121.

对语言文字的鉴赏和应用能力的提高是大有益处的。

三、泛读与精读的辩证关系

如果只有精读，没有泛读，很难全方位地完成知识积累；如果只有泛读，没有精读，则摄入的知识很难完全消化，变成自己的知识储备，甚至产生适得其反的效果。世上不缺乏饱读诗书的人，但有些人最终难获成就，关键就在于会读不会读。因此，中小学生既要大量、广泛地阅读各种书籍，又要对其中少量经典著作反复研读，细细品味。如此这般，精读和泛读方能有机结合。

中小学生阅读要注意把握阅读广度和深度，笔者认为阅读内容要广泛，不能仅局限于文学读物，还要阅读科普类读物，以培养学生对各门学科的敏感性，性别方面，男生尤其要注意语言类学科的学习，女生要注意培养数理逻辑能力。至于深度，对于经典作品，特别是古诗词要能熟读成诵。一方面，培养中小学生对文字的敏感和对美的体验能力。某年的暮春时节，笔者与朋友一行数人到浙江安吉游玩，傍晚时分，我们到达一大片竹林，里面有一座观景台。当我们爬到最高层时，已是暮色四合，和煦的春风拂过竹梢，发出阵阵“沙沙沙”声，大家不由地陶醉在这春风里。这时，一同前来的一位四年级小朋友突然吟道：“独坐幽篁里，弹琴复长啸。深林人不知，明月来相照。”此时此刻的美景，让学琴数年的小朋友触景生情，人生的体验与自然美景的高度契合，激发了他胸中最诗意、最美好的情感。

绝大部分人都会有避重就轻的畏难情绪，中小学生在学习阅读的过程中同样会出现这种情况，所以他们会选择相对轻松、有趣的读物。这类读物对于放松情绪、释放压力具有一定的积极作用，但从增知长智、丰富情感体验的角度来看，则效果有限。中小学生应该多看在文字表达方面富于美感，内容方面折射人世冷暖或者具有启迪意义的图书。

一个人的知识基础如果不够宽广，即便暂时在所属的学科领域自认为达到“专”的程度，但这种“专”到一定层次很难进行突破，因为缺少其他学科知识的触点。笔者的一位朋友从本科到博士一直读计算机专业，目前在大学从事计算机方面的教学工作，尽管职称和学位都已达到最高级别，但他时常感到一种无力感，他归结为学的专业过于专，致使缺乏后继发展的潜力。他笑言，如果本科阶段能学习数学或者物理，对他目前的学术研究会起到更大的支撑作用。自然和学问都是有机的系统，其中各部分常常息息相通，牵此则动彼。倘若对于其他各部分都茫无所知，而专门研究某一部分，实在是不可能的。哲学和历史，须有一切学问做根底；文学与哲学、历史也密切相关；科学相对而言知识单元比较独立,可以专门学习,其实不然,例如生物学,要研究到精深的地步,化学、物理学、地质学、数学、统计学和心理学都得精通。亚当·斯密是英国经济学的始祖,但他在大学教授文学。英国分析哲学的主要创始人,1951年诺贝尔文学奖获得者伯特兰·阿瑟·威廉·罗素在数学、历史学、政治学方面的学养均达到登峰造极的程度。

中小学生要学会连蒙带猜地读,不要每本书都去精读,没有连蒙带猜的阅读肯定培养不了阅读兴趣。笔者小学五年级时读的《西游记》是一本繁体竖排的书,很多繁体字都不认识,便跳过去,连蒙带猜地读完了,从此感到阅读的自信心倍增。

第三节　深阅读和浅阅读

阅读的目的有三种:以消遣、娱乐为主的阅读,以获取知识或信息为主的阅读,以理解思考为主的阅读。三者可能互相重叠。三种阅读中,以消遣、娱乐性为主以及以获取知识或信息为主的阅读占据了我们阅读量的绝大部分,以理解思考为主的阅读是阅读能力的高级阶段,需要经过长期训练才能达到,只占阅读群体的小部分。全媒体时代,一些社交软件的推送文章成为很多人阅读的首选,这类阅读绝大部分属于浅阅读。

一、深阅读的概念及其作用

深阅读指阅读主体能动地接受并处理信息,并参与具有主体性的文本建构的阅读。深阅读一般以获取知识、锻炼思维、提升自我为目的,属于深层次阅读形式,学习性、研究性和目的性是其本质属性。阅读主体在进行深阅读时,往往对书本心怀敬畏,希望通过深度阅读,达到自我完善和自我实现的目标。阅读者在阅读过程中,通过静心沉潜、细细品读实现理性的参与和思考。阅读者通过阅读,获取成人、成才所必备的知识,提高思维能力,甚至通过对文本的深刻领悟形成自己的人生哲学基础,最终实现知行合一。因此,就阅读者的阅读态度、阅读动机、阅读效果和主体参与程度而言,深阅读具有严肃的意味。

阅读主体通过深阅读,对阅读文本进行选择,在阅读的过程中对阅读内容进行理解、判断、推理,得出自己的感想或看法,重新构建属于自己的知识框架。有些阅读者甚至会将文本中构建的世界与现实世界进行观照,反思自己的人生境遇，产生情感共鸣，获得情感或道德上的力量。

二、浅阅读的概念及其作用

浅阅读指被动接受信息，不需要对文本进行主体性建构的阅读。浏览、跳读，以及随着数字化阅读兴起的微阅读均属于浅阅读。浅阅读既可以是对当下长篇流行读物的阅读，也包括短时间内对篇幅较短文本进行的即时阅读，如浏览新闻，浏览微博、微信公众号推送的大部分消遣类消息。基于微博、微信短文的阅读是全媒体时代发展的使然，迎合了当代生活和休闲方式的变迁需要。

全媒体时代的信息呈现出海量、碎片化、多媒体、超文本、粗浅化的特征，使微阅读成为很多读者的日常选择，具体表现为对短小篇幅的文本进行快速、简要、非深入性的阅读。这种阅读往往导致读者在阅读效果上呈现浅阅读的特征，即无法集中时间和精力进行集中性、主题式、深入思考式的深阅读。这类阅读内容具有很强的实效性，只能短时间内满足阅读者进行社交、娱乐和获取资讯等的需要。就媒介传播现状而言，全媒体时代背景下的浅阅读因能及时、便捷地满足普通大众对实用信息和公共文化的获取而成为大部分阅读者的选择。浅阅读满足了社会大众对信息的及时获取的需求。新媒体创造的阅读空间，如微阅读，很大程度上是一种社交化阅读，通过阅读实现人与人之间的线上或线下交流，获得情感交流的需要，有其存在的合理性，不能一味否定。

浅阅读可以帮助阅读者缓解学习或生活的压力，放松心情，同时也能适应全媒体时代信息传播极速增长的步伐，便捷、精准地获取需要的信息资源，扩大知识面。由于浅阅读在阅读时间上的随意性和阅读内容的碎片化特征，阅读者很难建立系统而完整的知识结构，同时也不利于培养踏实钻研的学习心态和阅读习惯。因此，浅阅读虽然可以满足读者对于娱乐消遣、快速获取信息等的需求，但也容易让读者步入浅显化、无序化阅读的泥淖。同时，用于浅阅读的材料大都属于急就章或跟风之作，写作者或因自身知识储备不足，或因书写准备不足，或因书写动机不纯，如为“蹭流量”“博眼球”，致使很多内容粗制滥造，甚至错误百出，长期阅读这类内容，会降低阅读者的读写能力，丧失独立思考能力，甚至引发价值观的错乱。对于缺乏一定是非辨别能力的中小学生来说，在家长、教师、图书馆馆员或其他专业人士的指导下开展深阅读尤其必要。

三、深阅读和浅阅读的辩证关系

深阅读需要经过长时间的思考，因而在阅读过程中，能给予阅读者大脑更多的刺激，从而对大脑神经回路施加更加复杂的影响。中小学生通过深阅读对思维进行启发，触动心灵，启发他们更细致地观察生活，就各种现象进行深层次的思考，逐步建立起属于自己的认知和价值体系。浅阅读，关注情节性和趣味性，阅读效果更侧重获得感官上的愉悦或刺激。为数不少的中小学生在阅读时，常常会只关注故事的情节性和趣味性，注重故事本身带来的浅层刺激和感官享受，比如对一些网络文学、校园小说的阅读。

关于深阅读和浅阅读各执一词的根本矛盾在于对阅读产生的效果和价值期望的不同。深阅读可分为严肃型深阅读和享受性深阅读两类。所谓严肃型深阅读强调阅读的工具理性，认为阅读的价值在于对人的成长产生正向的作用，如求知、求美、健全人格，认为这些是值得肯定的阅读价值诉求。享受型深阅读是指通过阅读满足读者的精神需要和社会生活的需要，其价值在于让读者在享受阅读乐趣的同时，获得超越时空、超越个体经验的自由。

推崇深阅读的研究者或推广主体往往非常排斥以休闲、消遣为主的浅阅读，认为这类阅读对于塑造人的精神层面意义不大，甚至有消极意义，从而将深阅读与浅阅读截然对立。浅阅读和深阅读是阅读者在不同信息需求情境中的不同选择。对于中小学生阅读能力的培养来说，两者相互补充，不可或缺。

关于深阅读和浅阅读存在两个认识误区，一个误区认为阅读纯文字类书籍即是深阅读，绘本书、图画书、漫画书等的阅读则是浅阅读。事实上，读文、读图与深阅读、浅阅读之间的关系并不是一一对应的平行关系，而是相互交叉。我们既要允许信息浏览式的，或消费化的读文与读图行为，也要培养中小学生面对文字和图像时的深度解读能力。如幾米的系列绘本绝对不能当作浅阅读对待。当我们阅读幾米创作的绘本《我的错都是大人的错》时，会想起自己曾经也是小孩，意识到儿童的世界与作为成人的我们所认为的世界并不一样。这是一本老少咸宜的绘本，能引起成人怀旧和反思的读物。从这个阅读效果来说，阅读这样的绘本同样可以归入深阅读的范畴。

另一个误区是认为阅读纸本图书即为深阅读，阅读数字资源即是浅阅读。根据阅读载体认定阅读深浅的方式完全忽视了阅读主体的能动作用。笔者在 Kindle 阅读器上阅读《月亮与六便士》，能够看到其他阅读者对某个段落做的标注，有些地方多达上千人进行标注。当我在阅读这些标注文字时不由自主地会放慢阅读速度，试图从他者的角度理解该段文字可能包含的多重意义。这样的数字阅读甚至超越了纸本阅读个体经验的局限，收获更多。因此，阅读的深浅状态并不完全取决于阅读的载体，与阅读者对待阅读的态度、阅读中的思考深度或阅读后的感悟和收获大有关系。

第四节　纸本阅读和数字阅读

一、纸本阅读的概念及其作用

纸本阅读是以纸质出版物为载体的阅读。纸本阅读可以帮助一个人养成关注细节、从容淡定、融会贯通地理解的读书心态和读书素质。我们可以设想，现在的中小学生将来进入社会以后，将经历一个从电子化到数字化的转变，至少将进入一个纸张、纸本越来越少的时代。如果他们能够在年幼的时候养成童子功，也就是从传统的绘本阅读开始，然后过渡到桥梁书，再到纸本书、纯文字书的阅读。那么，对于他个人来说，已经奠定了良好的阅读基础。传统的纸本阅读可以让阅读者以不变应万变，更好地应对越来越浮躁的数字化阅读。

尽管纸本阅读和数字阅读在本质上都是通过视觉系统对书面文字进行加工处理的过程，但传统的纸质书阅读还有一个审美过程，装帧、开本、版式、纸张都可能含有独特的美学意蕴。每本书的出版和传播过程都带有文化的记忆，有些纸质图书甚至为收藏者所青睐，其装帧成为人们珍爱的艺术品，如毛边书。

传统的纸质书籍阅读呈现线性、专注、思考的特征，以微信、微博等为代表的新媒体阅读往往呈现碎片化、社交化特征。从某种意义上来说，部分学者担心数字阅读，特别是新媒体阅读让人类面临浅薄化的风险并不是杞人忧天。他们甚至主张重返纸媒，认为传统阅读是实现深度阅读的唯一路径。这一观点也是有失偏颇。数字阅读不全然是浅阅读，纸质阅读也不全然是深阅读，关键在于阅读的内容。数字阅读的兴盛确实加剧了读者的认知负荷，分散读者的注意力，阅读的即时性加剧读者记忆力的衰减和想象力的钝化。

二、数字阅读的概念及其作用

数字阅读包括阅读内容和阅读载体的数字化，即阅读内容以数字化方式呈现，包括网络文学、电子书、有声读物、漫画、期刊论文、电子地图、数码照片、博客网页、微信公众号推送、QQ 阅读、读书类视频等；阅读载体为带屏幕显示的电子仪器，如手机、电子阅读器、笔记本电脑等终端设备，其中利用手机进行阅读的读者群体最大。移动阅读、微阅读均属于数字阅读的范畴。根据艾瑞咨询所公布的《2020 年中国网络文学版权保护研究报告》："截至 2019 年底，网络文学用户规模为4.6亿人，市场规模为195.1亿元。出版社的数字业务则以出版物数字化为主要方式，包括电子书、有声书、课程、解读书、视频读书等产品形态。”

由中国新闻出版研究院组织实施的第十八次全国国民阅读调查显示：“从未成年人的数字化阅读方式（网络在线阅读、手机阅读、电子阅读器阅读、Pad阅读等）的接触率来看，2020年我国9～13周岁少年儿童数字化阅读方式接触率高于其他两个年龄群体，为76.2%；14～17周岁青少年数字化阅读方式接触率为74.3%；0～8周岁儿童数字化阅读方式接触率为69.1%。综合以上数据，2020年我国0～17周岁未成年人数字化阅读方式接触率为72.3%。”上述数据表明，数字化阅读在中小学生中的接触率比较高。

电子图书可以为人类提供更为丰富的阅读体验，如全息文本、动画文本、超文本、互动文本等以及其他无法想象的形式。韬奋基金会理事长聂震宁先生提出“忙时读屏，闲时读书”，即“在移动互联网时代，在繁忙的生活中，人们不妨利用碎片时间在手机、电子阅读器等设备上读一些自己喜欢读的东西，同时，一定要挤出空闲时间读些纸本。”①

通过新浪微博、微信朋友圈等社交媒体，阅读内容可以进行广泛分发，针对性强，人群定位更为精准。随着各种社交平台的崛起，人们获取内容多是通过分享而不是搜索。豆瓣是一个集书评、影评、乐评于一体的网站，同时又是一个集讨论、交流、收藏于一体的Web 2.0社区网络。通过用户的自我创造与分享，形成无数个志趣相同的小组，通过个体知识的分享，实现社群内用户的资源共建共享。全媒体时代给阅读造成的危险在于，由于知识与信息资源的过于丰富及容易获取，让广大读者认为不再需要将这些知识与信息内化为自己的东西。长此以往，至少一部分人群会因为碎片化的阅读而造成自身文化水平的降低。因为他们已经没有耐心去阅读一本纸质或电子图书，甚至是一篇长文。文化作为思想的产物，需要阅读者付出相应时间和精力。

新媒体阅读多采取快速浏览式的阅读法，缩短了阅读时大脑进行思考所必需的时间，因而给予大脑回路的刺激相当有限。这种建立在神经通路被缩短基础上的、更简单的阅读脑被称为“数字脑”②。根据尼古拉斯·卡尔的研究，“数字脑”使阅读者更多地关注现象而非本质，更注重体验而非思考，这种浅表化的阅读方式最终会使人类变得浅薄。

① 聂震学.阅读力[M].北京：生活·读书·新知三联书店，2017：19.

② 卡尔.浅薄：互联网如何毒害了我们的大脑[M].刘继毅，译.北京：中信出版社，2010.

"00 后"作为"数字原住民",中小学阶段正是他们阅读习惯养成的关键时期,从某种意义来说,他们对数字阅读的认知、接纳程度决定了未来数字阅读的前景以及社会阅读形态的转变。

2020 年春全球暴发的新冠疫情使得更多人,包括中小学生面临着数字化生存和发展的机会和挑战,从这一角度出发,结合新型数字鸿沟理论,研究数字化生存能力的现状及影响因素,将有助于各方面协同发挥作用,帮助中小学生更灵活地运用数字技术和网络技能适应生活环境,提高数字化生存能力,满足其在数字化时代学习、工作和生活的需要。

2020 年 4 月 23 日,中国数字阅读云上大会发布的《2019 年度中国数字阅读白皮书》显示,"截至 2019 年,我国数字阅读用户总量达到 4.7 亿,人均电子书年接触量近 15 本,接触 20 本以上电子书的用户达到 53.8%,每周阅读 3 次及以上的用户达 88.0%。"伴随"互联网+"的飞速发展,数字阅读已经成为人们获取知识、信息的主要方式。随着数字化进程的不断加快与 5G 时代的来临,用户的数字阅读体验将进一步提升,全场景沉浸式的数字阅读给中小学生带来更加丰富的精神食粮,使读者随时、随地、随身、随心获取优质的专业阅读内容。

数字化阅读具备信息量庞大、刷新周期短、形式丰富、方便复制、交互性较强等优势特点,而且数字化阅读还打破了以往只有文字和图画的束缚,正向声音和视频等方向发展。数字化产品充分利用多媒体技术,可以使电子文本融入音频与视频,文本可在网络上进行下载和传播,同时不同的电子文本还能在网络上实现互联,是一种全新的视觉享受,丰富了人们的阅读体验。

无论是中小学生的个人发展,还是中华民族的伟大复兴都与阅读有着紧密联系。有关国家部门应在国家层面对中小学生阅读推广做出整体规划和部署,在推广纸本阅读的基础上,将方兴未艾的数字阅读作为重点研究内容,推出有关数字阅读的专项规划项目,提供保障性的专项发展资金;开发互联网阅读推广平台,为建立全国中小学生数字阅读服务体系提供软硬件支持。

数字阅读在效果方面具有双重性,一方面可以节省用户筛选信息的时间成本,数字阅读呈现的多元化感觉,能有效提升阅读愉悦感。另一方面,数字阅读使"阅读碎片化、快餐化,阅读内容趋同化和低质化,阅读目的娱乐化和功利化,阅读体验低满足感和副作用等问题"①。据有关课题组调查,"中小学生数字阅

① 王逸鸣.新媒介环境下大学生阅读问题研究:以北京地区六所重点院校为例[M].编辑之友,2014(7):15.

读以获取朋友资讯和娱乐资讯居主体位置，学习资料仅占16.5%，这虽然能够较好地满足中小学生情感抒发和休闲娱乐动机，但对依赖于深阅读的个人修养和知识获取动机的提升作用较小。”此外，中小学生在进行数字阅读过程中，特别是在线数字阅读时，会产生“信息迷航”现象，即在阅读过程中偏离阅读目标。这种现象反复发生容易导致读者头昏脑胀、精神涣散和阅读效率低下，致使读者不得不将数字化阅读材料打印成纸质文档进行阅读。

三、纸本阅读与数字阅读的辩证关系

无论是纸本阅读还是数字阅读，阅读效果如何取决于阅读主体，而不在于通过何种载体进行阅读。对于大部分人来说，通过何种载体进行阅读没有那么重要。对于中小学生来说，基于完成学业的需要，必须熟读、记忆、理解很多知识内容和思想，选择纸质阅读是最理想的阅读。

纸本阅读率的下降只是反映了读者的分流，数字阅读不可能完全取代纸质阅读，对于中小学生来说，引导他们选择阅读的内容更为重要，而不是通过何种媒介阅读。在互联网＋时代，人们感到困惑的不是没有书看，而是面对太多的信息和读物不知如何选择。信息时代的阅读很方便，有以往阅读方式所不具备的巨大的潜能，当然要充分利用。特别是进行科学研究，已经离不开网络资源。对于数字化的阅读形态只能主动跟进，而不是消极抵制。纸质阅读和数字阅读可以并存，既读书，也读网。了解时事新闻、查阅相关资料等通过网络比较方便、快捷。纸质书更适合深阅读，经典名著的阅读，纸本阅读仍然是不错的选择，因为线上阅读往往会受到其他推送信息的干扰，影响阅读主体的独立思考。

在全媒体时代，对于尚处于阅读能力、阅读习惯培养期的中小学生来说，需要高度重视纸本阅读。因为只有通过开展大量经典、深度的纸本阅读，才能最终引导中小学生领悟中华传统文化的精髓，习得自由运用语言文字的能力，让他们的各项学习能力得到锻炼，为精神成长奠定厚实的人文根基，最终成为一个知识全面、精神健全的社会主义新时代的接班人和建设者。

第五节　中小学生阅读的未来展望

作为阅读生态链构成要素的出版者、传播者、教育者（包括家庭、学校和公共图书馆等社会教育机构的相关人员）在中小学生阅读生态环境构建中承担各

自的社会责任，坚持创作、出版、传播优秀的文化产品，家庭、学校、公共图书馆等社会教育机构协同合作与发展，构建家庭教育、学校教育和社会教育三位一体的教育体系，为中小学生阅读能力的发展、阅读习惯的培养提供全方位保障。政府部门应进一步加强对数字阅读产品和平台建设的支持力度，加强网络文化生产、传播的引导和监管力度，营造健康、有序的数字阅读生态环境。

中小学生阅读是一项系统工程，关于阅读的内容、方法、形式和体验仍然有巨大的探讨空间，需要全社会的共同努力。媒介及其技术是阅读范式演进的第一驱动力。随着人工智能技术的不断革新，人类的阅读活动定将迎来更多的改变和创新，阅读推广的手段和形式也会进一步拓展和丰富。无论是“读书之乐乐何如，绿满窗前草不除”的纸本阅读，还是“思接千载，视通万里”的在线阅读，文字所承载的精神和道德力量都是永恒的。人类即使在不久的将来无所不能，无所不知，无所不缺，仍然需要“人类文明之光的照耀和抚慰”①，需要在对历史的重温和对未来的追寻中丰盈各自的心灵，通过阅读让各自的精神获得诗意的栖居。这正是阅读存在的理由，也是阅读成为研究对象的意义所在。

① 泓波. 网络时代：语文教学的人文精神走向[J]. 教师之友，2002(4)：44.

参考文献

[1] 朱光潜.朱光潜谈读书[M].北京:中国青年出版社,2012:34.
[2] 周兢.早期阅读发展与教育研究[M].北京:教育科学出版社,2007.
[3] 谢冕.永远的校园[M].北京:北京大学出版社,2001.
[4] 聂震宁.阅读力[M].北京:生活·读书·新知三联书店,2017.
[5] 吴晞.天下万世共读之[M].上海:上海科学技术文献出版社,2014.
[6] 徐雁.阅读的人文与人文的阅读[M].北京:科学出版社,2014.
[7] 徐雁.全民阅读推广手册[M].深圳:海天出版社,2011.
[8] 王波.中外图书馆阅读推广活动研究[M].北京:海洋出版社,2017.
[9] 王波.阅读疗法[M].北京:海洋出版社,2007.
[10] 王余光.阅读,与经典同行[M].深圳:海天出版社,2013.
[11] 王余光.中国阅读文化史论[M].北京:国家图书馆出版社,2007.
[12] 王余光,霍瑞娟.图书馆儿童阅读推广[M].北京:朝华出版社,2015.
[13] 顾明远.教育大辞典[M].上海:上海教育出版社,1998.
[14] 周文骏.图书馆学情报学词典[M].北京:书目文献出版社,1991.
[15] 潘兵,张丽,李燕博.公共图书馆的未成年人服务研究[M].北京:国家图书馆出版社,2011.
[16] 陈从周.春苔集[M].广州:花城出版社,1985.
[17] 金克木.书读完了[M].上海:上海辞书出版社,2007.
[18] 张振金.秦牧论散文创作[M].广州:暨南大学出版社,1990.
[19] 林语堂.生活的艺术[M].西安:陕西师范大学出版社,2006.
[20] 钱理群.经典阅读与语文教学[M].桂林:漓江出版社,2012.
[21] 彭懿.图画书:阅读与经典[M].南昌:二十一世纪出版社,2008.
[22] 叶开.对抗语文:让孩子读到最好的文字[M].上海:复旦大学出版社,2011.
[23] 帕慕克.白色城堡[M].沈志兴,译.上海:上海人民出版社,2006.
[24] 蒋佩蓉.下一代的竞争力:全球化时代孩子应具备什么素质[M].邓瑜,

译. 南昌:江西人民出版社,2009.
[25] 李伟文. 双胞胎 AB 宝:阅读是最浪漫的教养[M]. 长春:北方妇女儿童出版社,2012.
[26] 安悱编. 阅读的危险:大师的读书经验[M]. 长春:吉林出版集团,2007.
[27] 何兆武. 经典七日谈[M]. 北京:北京大学出版社,2010.
[28] 安武林. 爱读书[M]. 南昌:江西高校出版社,2012.
[29] 吕叔湘. 书太多了[M]. 上海:东方出版中心,2009.
[30] 朱永新. 我的阅读观[M]. 北京:中国人民大学出版社,2011.
[31] 郝广才. 好绘本如何好[M]. 南昌:二十一世纪出版社,2009.
[32] 叔本华. 叔本华美学随笔[M]. 韦启昌,译. 上海:上海人民出版社,2014.
[33] 邱冠华. 亲子阅读[M]. 北京:国家图书馆出版社,2013.
[34] 陆小华. 新媒体观:信息化生存时代的思维方式[M]. 北京:清华大学出版社,2008.
[35] 中国科普研究所. 中国科普报告[M]. 北京:科学普及出版社,2002.
[36] 石磊. 新媒体概论 [M]. 北京:中国传媒大学出版社,2009.
[37] 张潮. 幽梦影[M]. 青岛:青岛出版社,2002:39.
[38] 武庆新. 阅读至上[M]. 北京:北京工业大学出版社,2015.
[39] 杨振东,杨存泉. 杨振宁谈读书与治学[M]. 广州:暨南大学出版社,2005.
[40] 王庚年. 全媒体技术发展研究[M]. 北京:中国国际广播出版社,2013.
[41] 胡继武. 现代阅读学[M]. 广州:中山大学出版社,1991.
[42] 杨治良. 简明心理学辞典[M]. 上海:上海辞书出版社,2007.
[43] 冯天瑜. 中华元典精神 [M]. 上海:上海人民出版社,1994.
[44] 邵培仁. 传播学[M]. 3 版. 北京:高等教育出版社,2015.
[45] 李家同. 大量阅读的重要性[M]. 北京:中国人民大学出版社,2012.
[46] 高希均. 阅读救自己[M]. 北京:人民出版社,2011.
[47] 中华人民共和国教育部. 义务教育语文课程标准(2011 年版)[M]. 北京:北京师范大学出版社,2012.
[48] 中华人民共和国教育部. 普通高中语文课程标准(2017 年版)[M]. 北京:人民教育出版社,2018.
[49] 崔利斯. 朗读手册[M]. 沙永玲,麦奇美,麦倩宜,等,译. 天津:天津教育出版社,2006.
[50] 艾德勒,范多伦. 如何阅读一本书[M]. 郝明义,朱衣,译. 北京:商务印书

馆，2004.
[51] 雅各布斯. 消遣时代的阅读乐趣[M]. 魏瑞莉，译. 南京：译林出版社，2015.
[52] 林文刚. 媒介环境学：思想沿革与多维视野[M]. 何道宽，译. 北京：北京大学出版社，2007.
[53] 沃尔夫. 普鲁斯特与乌贼：阅读如何改变我们的思维[M]. 王惟芬，译. 北京：中国人民大学出版社，2012.
[54] 尼葛洛庞帝. 数字化生存[M]. 胡泳，范海燕，译. 海口：海南出版社，1997.
[55] 克拉生. 阅读的力量[M]. 李玉梅，王林审，译. 乌鲁木齐：新疆青少年出版社，2016.
[56] 苏霍姆林斯基. 给教师的一百条建议[M]. 周蕖，王义高，刘启娴，等，译. 武汉：长江文艺出版社，2014.
[57] 钱伯斯. 打造儿童阅读环境[M]. 许慧贞，译. 北京：五洲传播出版社，2011.
[58] 钱伯斯. 说来听听：儿童、阅读与讨论[M]. 许慧贞，译. 北京：北京联合出版公司，2016.
[59] 怀特黑. 早期语言与读写能力的培养[M]. 何敏，郭良菁，译. 上海：远东出版社，2002.
[60] 斋藤孝. 阅读的力量[M]. 武继平，译. 厦门：鹭江出版社，2016.
[61] 池田大作. 我的人学[M]. 铭九，潘金生，庞春兰，译. 北京：北京大学出版社，1990.
[62] 松居直，幸福的种子：亲子共读图画书[M]. 刘涤昭，译. 南昌：二十一世纪出版社，2014.
[63] 外山滋比古. 阅读整理学[M]. 吕美女，译. 北京：北京联合出版公司，2014.
[64] 麦克卢汉. 理解媒介：论人的延伸[M]. 何道宽，译. 南京：译林出版社，2012.
[65] 罗杰，费希尔. 阅读的历史[M]. 李瑞林，贺莺，杨晓华，等，译. 北京：商务印书馆，2009.
[66] 卡尔维诺. 为什么读经典[M]. 黄灿然，李桂蜜，等，译. 南京：译林出版社，2012.
[67] 范并思，吕梅，胡海荣. 公共图书馆未成年人服务[M]. 北京：北京师范

大学出版社,2012.
[68] 万行明.阅读推广:助推图书馆腾飞的另一支翅膀[J].当代图书馆,2011(1):7.
[69] 邓香莲.解析新媒体环境对阅读的影响[J].编辑之友,2011(5):41.
[70] 肖雪.阅读认知:多学科视野的观照与启迪[J].图书馆,2016(6):1-7.
[71] 谈苹.听书:阅读的时尚选择[J].大学图书情报学刊,2011(2):77-79.
[72] 李岑.有心声的共鸣,才能学好英语:谈孩子大量阅读的重要性[EB/OL].[2012-11-23].http://blog.sina.com.cn/licenbook.
[73] 凤凰网.阅读如何促进人性:两种不同的观点[EB/OL].[2013-09-02].http://book.ifeng.com/shuhua/detail_2013_09/02/29229640_0.shtml.
[74] 曹明海.大众文化与经典阅读[J].山东图书馆季刊,2008(2):13-17.
[75] 王成玥,曹娟.构建阅读推广人队列,导航图书馆全民阅读:以王余光、霍瑞娟主编的《阅读推广人系列教材》为中心[J].图书馆,2016(12):26-31.
[76] 尹传芳.经典阅读在文化强国建设中的作为[EB/OL].人民论坛,2012-03-15.
[77] 温儒敏.信息时代如何读书[N].光明日报,2017-04-23(07).
[78] 李晨晖,张兴旺,秦晓珠.图书馆未来的技术应用与发展:基于近五年Gartner《十大战略技术趋势》及相关报告的对比分析[J].图书与情报,2017(6):37-47.
[79] 傅平.图书馆技术发展新趋势[J].新世纪图书馆,2018(2).
[80] 荀丽芳.VR阅读探析[J].图书馆建设,2018(8):94-97.
[81] 彭懿.做少儿阅读的守门人[N].图书馆报,2013-12-20(4).
[82] 朱训义,郭志学,钱心盼.安徽省实施出版物绿色印刷情况调研报告[J].安徽传媒研究,2018(1):2-3.
[83] 樊伟,李桂华,姜晓,等.全媒体环境下的阅读推广活动典范:俄罗斯“阅读马拉松”活动个案分析[J].国家图书馆学刊,2017,26(6):43-49.
[84] 黄晓斌,陈俊恬.国内阅读媒介研究进展[J].图书馆杂志,2020,39(3):48-57,68.
[85] 吴赟,杨锋.新媒体环境下中国国民阅读行为嬗变的特征及其问题反思[J].出版广角,2012(12):77-79.
[86] 魏玉山.不要轻易否定微阅读、浅阅读、碎片化阅读[J].出版参考,2013

(34):1.
[87] 李健.图书馆全媒体阅读服务探析:以国家图书馆的实践为例[J].新世纪图书馆,2015 (7):51-54.
[88] 苏振华,夏列.全媒体时代传播形式发展探讨:以 App 的运营为例[J].中国传媒科技,2020(9):16-18.
[89] 赵发珍,刘青华.图书馆科普阅读书目推荐:现状、模式与策略[J].图书馆学研究,2020(2):93-96.
[90] 郑念.科普能力建设是创新发展的重要一翼[N].学习时报,2019-02-20(006).
[91] 巫芯宇,石剑兰.我国图书馆科普阅读推广实践调查与分析:以第二届科普阅读推广案例征集活动获奖图书馆为例[J].图书情报工作,2020(9):46-56.
[92] 刘隽.社会力量参与图书馆少儿阅读推广活动的实践与思考:以上海浦东图书馆为例[J].图书馆研究与工作,2019(1):62.
[93] 吕梅.馆社合作共促阅读:图书馆与社会合作推动青少年阅读推广[J].图书与情报,2011 (1):91-94.
[94] 柯欢玲.流动图书馆服务的实践及其发展:广州少年儿童汽车图书馆服务拓展实践[J].晋图学刊,2017(2):45-46.
[95] 徐靖.合肥尝试公共图书馆与民营书店合作:这家书店不卖书[N].人民日报,2017-03-31.
[96] 万仁莉.基于少儿阅读推荐书目的图书馆阅读推广研究[J].图书馆工作与研究,2015(2):102.
[97] 张慧丽.公共图书馆儿童早期阅读服务基本理论问题探讨[J].图书馆,2012(6):87-89.
[98] 周雪芹.文旅融合下公共图书馆开展少儿阅读推广的创新路径研究[J].河南图书馆学刊,2020(11):26-28.
[99] 谢蓉.数字时代图书馆阅读推广模式研究[J].图书馆论坛,2012(5):23.
[100] 蔡家意,姜进.公共图书馆分龄分众阅读推广模式初探:以湖南图书馆阅读推广为例[J].图书馆界,2017(3):74.
[101] 刘晓晔,张征.家长对儿童图书馆的服务期望研究[J].图书馆理论与实践,2016(5):15-18.
[102] 王波.阅读推广、图书馆阅读推广的定义[J].图书馆论坛,2015(10).
[103] 毕秋敏,曾志明,李明.移动阅读新模式:基于兴趣与社交的社会化阅读

[J]. 出版发行研究,2013 (4):49.
[104] 詹恂,康梅花. 社会化阅读社区对数字出版的影响[J]. 现代出版,2013(10):53-56.
[105] 徐媛. 基于用户黏性的社会化阅读社区盈利模式分析[J]. 科技与出版,2014(3):49-52.
[106] 刘艳. 社会化阅读:涵义、形态、功能、缺陷及其启示[J]. 图书馆建设,2018(09):4-12.
[107] 李倩,许鑫. 新冠肺炎疫情下城市居民数字化生存能力分析:基于上海的调查证据[J]. 图书馆杂志,2020,39(12):107-116,154.
[108] 方伟. 大数据时代数字鸿沟的社会影响及对策[J]. 青年记者,2019,626(6):35-36.
[109] 倪志娟. 人文视野中的数字化生存[J]. 科学技术与辩证法,2003(4):43-46.
[110] 张立新,姚婧娴. 数字化生存:数字时代的挑战与教育应对[J]. 浙江师范大学学报(社会科学版),2019,44(4):1-8.
[111] 刘先瑞,李桂华. 全媒体时代阅读推广活动参与度的提升路径[J]. 图书馆论坛,2020,40(01):38-45,152.
[112] 黄丹俞. 跨媒体阅读:图书馆阅读推广的新趋势[J]. 图书与情报,2012(5):26-30.
[113] 宁璐嘉,李桂华. 当代阅读行为研究:研究导向与概念构成[J]. 国家图书馆学刊,2017(4):3-12.
[114] 李桂华. 复合阅读行为:全媒体时代的阅读行为新形态[J]. 图书情报工作,2019(3):21-27.
[115] 李新祥. 数字时代我国国民阅读行为嬗变及对策研究[D]. 武汉:武汉大学,2013.
[116] 张智亮. 碎片时间,碎片阅读[J]. 电脑迷, 2014 (10):64-65.
[117] 周宪. 从"沉浸式"到"浏览式"阅读的转向[J]. 中国社会科学,2016(11):143-163.
[118] 张立刚. 从文化消费到意义生产:数字阅读时代下的深阅读回归[J]. 海南师范大学学报 (社会科学版),2016 (12):129-132.
[119] Carr N. The shallows: What the Internet is doing to our brains[M]. New York: WW Norton&Company, 2011:115-143.
[120] 李凡捷,李桂华. "深阅读"之争议与再思考[J]. 国家图书馆学刊,2017,

26(06):16-25.
[121] 任福兵.网络时代阅读方式的结构性研究[J].图书馆建设,2013(10):61-66.
[122] 徐扬,赖纪瑶,王冰璐,等.云资源微阅读:纸本微阅读新模式初探[J].图书馆理论与实践,2017(11):19-24.
[123] 刘明洋,张妮.数字时代"深阅读"四种路径[J].中国出版,2017(4):26-29.
[124] 王欢.图馆推进未成年人分级阅读服务新思路:以黑龙江省图书馆为例[J].河北科技图苑,2015(2):82-83,86.
[125] 顾运婕.公共图书馆少儿分级阅读推广服务障碍及其发展策略[J].河南图书馆学刊,2020,40(12):15-17.
[126] 中国儿童发展纲要(2011～2020年)[EB/OL].[2020-10-15]. http://www.scio.gov.cn/ztk/xwfb/46/11/Document/976030/976030.htm.
[127] 吴建华,刘雪梅.学界业界密切合作的加拿大阅读服务专业人才培养[J].图书馆论坛,2020,40(10):134-141.
[128] 王莞菁.王柏年的儿童图书馆服务思想与实践[J].图书馆杂志,2020,39(8):31-37.
[129] 李红梅.俄罗斯图书馆阅读促进的创新[J].图书馆论坛,2018,38(4):119-125.
[130] 孟祥保.世界一流大学学生在读什么经典:一项来自百万开放课程大纲大数据的研究[J].大学图书馆学报,2020,38(1):68-75.
[131] 郭腊梅.科普教育是图书馆的重要使命[J].晋图学刊,2005(03):58-60.
[132] 蒋永福,翟秀云.关于图书馆学的人文进化学思考[J].四川图书馆学报,2000 (1):1-5.
[133] 周宇麟,邵春骁.社会教育是公共图书馆的使命:论国内公共图书馆在社会教育中的角色定位[J].图书馆,2014(4):83-86.
[134] 潘金辉.儿童友好型图书馆建设中的实践与思考[J].图书馆界,2020(6):78-83.
[135] 朱爱瑜.纪念"快乐童年'公益阅读坊"的绘本阅读推广:兼析绘本阅读对于脑瘫患儿的康复疗效[J].图书馆杂志,2011,30(11):109-111.
[136] 马小翠,卜璐.少儿图书分级阅读的理论与实践研究[J].图书馆研究与工作,2020(09):50-53,63.

[137] 杨沉.影响的焦虑:基于新媒介的阅读考察[J].国家图书馆学刊,2012(3):60-64.
[138] 赫灵华,孙丹丹.从央视《朗读者》看媒介融合时代传统文化的现代转化[J].吉林广播电视大学学报,2017(12):14-15,61.
[139] 梁晔.京东首推"陪伴计划"与阅读指数[N].图书馆报,2016-06-01.
[140] 付如初.《朗读者》如何从电视走向书籍[N].解放日报,2017-11-11(8).
[141] 武楠.新时代文化类电视综艺节目的价值引领和创新突破:以央视《朗读者 2》为例[J].当代电视,2018(10):44.
[142] 杨熔.媒介融合背景下的图书馆阅读推广发展研究[J].图书情报工作,2018(8):67-74.
[143] 于淮."四全媒体"环境下图书馆阅读服务的"四维度"创新[J].图书馆研究与工作,2021(1):46-51.
[144] 罗惠敏.图书馆"泛阅读空间"研究[J].图书馆论坛,2015(3):30-35.
[145] 曹丹.读书微视频的发展与传播营销策略[J].现代出版,2016(2):34-37.
[146] 张巧娜.国外公共图书馆研学旅行服务实践与启示[J].图书馆杂志,2020,39(12):83-88.
[147] 李桂华.深阅读:概念构建与路径探索[J].中国图书馆学报,2017,43(6):50-62.
[148] 金铁龙.文旅融合背景下公共图书馆中小学生研学服务探索[J].图书馆,2019(8):95.
[149] 李阳."图书馆+旅游"融合发展实践与吸引力要素研究[J].图书馆杂志,2020,39(11):23-29.
[150] 汪其英.美国社区图书馆延伸服务及其启示[J].国家图书馆学刊,2016,25(6):52-57.
[151] 于申.社会阅读平台用户持续知识共享意愿研究[J].数字图书馆论坛,2016 (12):54-62.
[152] 李桂华,樊舒.阅读体验的构成研究[J].图书馆论坛,2020,40(01):19-28.
[153] 申艺苑,袁曦临.青少年课外自主阅读分级标准对照测评研究[J].图书馆杂志,2020,39(11):13-22.
[154] 朱骅杰.美国公共图书馆少儿推荐书目分析及启示[J].图书馆工作与研究,2017(12):124-128.

[155] 范并思. 阅读推广为什么[J]. 公共图书馆,2013(3):4.
[156] 寿晓辉,叶丹,翁亚珂. 公共图书馆经典阅读推广的实践与思考:以杭州图书馆为例[J]. 图书馆研究与工作,2017(12):57.
[157] 白禄,郭宝华. 阅读类综艺节目对公共图书馆开展沉浸阅读活动的启示[J]. 图书馆研究与工作,2019(5):61.
[158] 惠涓澈. 图书馆阅读推广需要厘清的几个问题[J]. 图书馆研究与工作,2020(7):26-31.
[159] 李武,朱淑华,王丹,等. 新世纪未成年人阅读推广理论研究进展[J]. 图书馆论坛,2018,38(10):109-117.
[160] 纪念. 儿童汽车图书馆服务的创新与思考[J]. 山东图书馆学刊,2020(3):74-77.
[161] 吴建中. 人·技术·价值观:关于下一代图书馆技术的思考[J]. 图书馆,2019(4):1-4,29.
[162] 成松柳. 他者的世界:阅读与公共理性[J]. 图书馆,2017(1):51-54.
[163] 曹明海. 大众文化与经典阅读[J]. 山东图书馆季刊,2008(2):13-17.
[164] 王余光. 论阅读传统经典[J]. 北京大学学报(哲学社会科学版),2001(1):110-116.
[165] 海飞. 中国童书出版的大时代[J]. 中国出版,2016(11):12-15.
[166] 彭嗣禹. 中小学生数字阅读推广的困境与突破[J]. 图书馆论坛,2020(3):139-145.
[167] 杨春玲. 图书馆环境污染与防治[J]. 河南图书馆学刊,2014,34(1):79-80.
[168] 邓香莲. 解析新媒体环境对阅读的影响[J]. 编辑之友,2011(5):43.
[169] 刘亚. 移动互联时代的大学图书馆阅读推广策略:基于社会化阅读的启示[J]. 图书馆论坛,2014(5):48-54.
[170] 孙红蕾,郑建明. 基于社会化阅读理念的新市民阅读推广研究[J]. 图书馆,2017(09):68-72,78.
[171] 彭嗣禹,陈润好. 中小学生数字阅读推广的困境与突破[J]. 图书馆论坛,2020,40(3):139-146.
[172] 喻小琴. 论儿童精神成长取向的早期阅读[J]. 基础教育研究,2016(17):78-80.
[173] 赵双. 以家庭为单位的民间儿童阅读推广活动特色案例及启示[J]. 图书馆,2020(5):99-105.

[174] 杨玉麟，郭武，熊伟霖. 论中小学图书馆的“基础教育价值”和“图书馆职业价值”[J]. 图书馆论坛，2020，40(12)：102-106.
[175] 唐玖江，荣维东，薛相锋. 青少年课外阅读推荐书目研究：基于中小学语文课程标准实施视角[J]. 图书馆杂志，2020，39(5)：64-74.
[176] 袁曦临，戴琦. 文学经典原著及其简读本的文本阅读比较研究：以《巴黎圣母院》为例[J]. 图书馆杂志，2020，39(3)：58-68.
[177] 敦文杰，王乐春，杨东波. 面向基础教育的非教材类推荐书目研究[J]. 图书馆理论与实践，2017(11)：16-18，50.
[178] 徐蒙. 近十年来青少年推荐书目发展与特征研究[J]. 图书与情报，2011(2)：11-15.
[179] 崔汭，张久珍. 面向非虚构的阅读服务研究[J]. 图书馆，2020(4)：52-58.
[180] 邓咏秋. 推荐书目的过去、现在与未来[J]. 高校图书馆工作，2009(3)：1-4.
[181] 王泉根. 新世纪中国分级阅读的思考与对策[J]. 中国图书评论，2009(9)：101-105.
[182] 万宇，朱颖华. 汉语儿童阅读分级与西方阅读分级的差异研究[J]. 图书馆杂志，2016，35(5)：106-111.
[183] 毕秋敏. 移动阅读新模式：基于兴趣与社交的社会化阅读[J]. 出版发行研究，2013(4)：49-52.
[184] 杨文建，马毓. 数字阅读环境下的图书馆社会化阅读服务策略研究[J]. 图书馆理论与实践，2018(10)：82-87.
[185] 周玉琴，吴建华. 我国阅读服务专业人才供需矛盾与破解之策[J]. 图书馆论坛，2020，40(5)：123-131.
[186] 杨慧. 接受视域下社交化阅读中的主客体功能研究：以哔哩哔哩读书视频为例[J]. 图书馆研究与工作，2021(3)：24-28.
[187] 张久珍. 重振图书馆社会教育职能，充分释放图书馆全民信息素养教育的作用[J]. 图书馆研究与工作，2020(11)：6-14，85.
[188] 吴锡平. 读网时代的阅读生活[N]. 中华读书报，2001-10-08.
[189] 钱昆. 书籍的变迁与阅读的历史[J]. 图书馆论坛，2018，38(8)：111-116.
[190] 刘炜. 阅读的祛魅[J]. 公共图书馆，2012，(3)：2.
[191] 钟雄. 社会化阅读：阅读的未来[N]. 中国新闻出版报，2011-05-12 (6).

[192] 李杨,陆和建.全民阅读背景下城市阅读空间馆店融合发展研究:以合肥市为例[J].国家图书馆学刊,2019,28(02):59-66.

[193] 曾建勋.精准服务需要用户画像[J].数字图书馆论坛,2017(12):1.

[194] 北京启动绿色印刷工程婴幼儿读物项目[J].印刷质量与标准化,2012(4).

[195] 邹大鸣.关于加强宁波网络作家队伍建设的几点思考[J].宁波通讯,2014(17):49.

[196] 刘晓晔,王壮.基于传播游戏理论的童书文化教育功能创新:"嬉"性表达路径的建构[J].出版发行研究,2021(6):87-92,86.

[197] 黄寰.对科普作家队伍建设的几点思考[J].科普创作通讯,2014(4):17.

[198] 姚利芬.当今科普创作及出版的三大转向[J].出版发行研究,2021(1):71-74,84.

[199] 周觅.传承与分化:人工智能时代编辑的发展之路[J].出版发行研究,2021(1):16-23.

[200] 农春仕,周统建.中国科普图书出版高质量发展的对策研究[J].出版发行研究,2020(10):36-40.

后　　记

喜欢读书，缘于我的父亲。酷爱读书、天分甚高的父亲尽管学习成绩出类拔萃，最终却没能走出那片土地，但父亲一辈子都像个读书人一样活着。父亲对我们姐妹最常说的一句话："万般皆下品，唯有读书高。"给我印象最深的却是一次大发雷霆后对我的怒斥："为什么犯了错误的人，总是罚他去劳动，而不是罚他去读书?!"父亲用他朴素而简单的逻辑试图说明读书是一件多么高尚的事。

20世纪80年代初，农村的文化生活极其贫乏，能拥有一台收音机对一般家庭来说都是一个很奢侈的愿望。因为父亲的缘故，我们家很早就买了收音机。每天中午放学，我总是一路飞奔回家，只是为了听刘兰芳和单田芳两位先生的长篇评书，如《岳飞传》《杨家将》《隋唐演义》《三侠五义》等。

那时候农村小学家庭作业极少，我有大把的时间用于疯玩，其余时间用在看课外书上，但那时的课外书又非常难得，所幸父亲隔三差五地从外面带回一些书，绝大部分都是古典小说和武侠小说，如《聊斋志异》《十二金钱镖》等。父亲一般都是晚上看书，白天出去做工时，总是将书锁在床头的书柜里。我经过几次跟踪，发现父亲每次都将书柜的钥匙藏在枕头底下，于是经常趁父亲不在家，将他的书偷出来，傍晚再偷偷地还回去。四年级暑假时，从父亲的书柜里得了一本线装的《西游记》，没有开头，亦没有结尾，竖排的繁体字有很多不认识，但我连蒙带猜，看得不亦乐乎。炎炎烈日下，牛儿悠闲地吃草，而我则躺在树荫下，与唐僧师徒一道西游。多少年过去了，每当我百无聊赖，总是不期然地想起那个夏天，想起树荫下的那片风景，耳边仿佛回荡着老牛反刍的声音，身旁似乎弥漫着青草的芳香。

由于太痴迷看课外书，父亲和母亲怕影响我的学习，对我采取了“禁书政策”。但不久我就想出了一个好办法。每天写作业时，将课外书偷偷地藏在书桌的抽屉里，听到脚步声，赶快用胸脯将抽屉推进去，自以为做得很隐密，但就在去年，母亲竟然当着我儿子的面提起这一旧事，原来母亲一直知道。

小学四年级时，上大学的叔叔带回一套《红楼梦》，其时我正值暑假，晚上打着手电筒躲在被窝里看。有天中午大人们都在午睡，我又躺在床上看起来。由于连续熬夜，看着看着竟然睡着了。母亲给我盖被子时，发现了裹在被子里的书，屁股着实挨了母亲几巴掌。初一时第二次阅读《红楼梦》，做了大量的摘抄，厚厚一大本。那个摘抄本被一位同学借走，从此杳如黄鹤。至今《红楼梦》已读过五遍，最后一次通读是研一时为了写学期论文。那篇论文写好后，为着手写一篇当代作家的文学评论，我又翻阅了大量当代文学作品，前后阅读的对比，让我第一次体味到名著的魅力，特别是文字的魅力。

上小学时，我不知从哪得到一本《格林童话》，当我读到被困在高塔上的女孩子用自己的长辫子结成绳子伸到塔下却发现吊上来的不是王子而是巫婆时，故事戛然而止，因为后面的书页没了。多少年来，一直好奇这个故事的结局，但从来没有想过去查证。直到儿子上小学一年级时，陪他读《格林童话》的注音版，当读到《莴苣姑娘》时，这个书里书外的故事终于被画上圆满的句号。

2020 年新冠疫情在全球暴发，我们被困居斗室，在线学习，在线办公，带给我慰藉的除了三五好友对我电话召唤的随时回应外，就是疫情发生前留在出租屋的一套金庸先生的《倚天屠龙记》。长达两个多月的居家隔离期，这本书我读了不下四五遍，每当读到张无忌在光明顶因缘际会练就九阳神功，以一己之力拯救了明教时，心中总是感到无比快意，对人类战胜新冠病毒的信心不由多了几分。也许每个平凡的人就这样通过阅读，构建出自己对于未来或大或小的祈愿。

2004 年秋天，安徽省高校图工委与南京大学信息管理学院联合举办图书馆学研究生进修班，徐雁老师为学员讲授阅读文化学，我作为班主任，有幸一直随堂听课，开始关注阅读学研究。

早在2015年春天，有过愉快合作经历的黄山书社刘莉萍女士即鼓励我写一本关于中小学生阅读方面的书，此后一直关注这一领域的研究进展和实践活动。生性的懒散，工作的繁忙，我的写作时断时续。6年的时光倏忽而逝，在多位业界师长、好友和同事的鼓励和督促下，我终于在2020年的秋天下定决心将这件搁置已久的工作完成，也算了却自己的一桩心愿。

感谢在书稿的写作过程中先生对我的全力支持，感谢儿子为我的阅读学研究和实践提供的素材，才让书稿得以如期完成。

在书稿即将付梓之际，心中无限惶恐，但丑媳妇终究要见公婆，索性豁出去了。期待方家的批评和指正，感谢！

朱爱瑜

2021年夏